誰も知らない本当の『古事記』のかたち

はじめに

　日本はどのような国か。天皇とは何か。天皇はどうあるべきか。この問いの答えは『古事記』の中に書かれてある。なぜ、それが今まで読み解かれなかったのか。イザナキ、イザナミの国づくりの際の会話と「ヒルコ」を誤って解釈してきたからである。

　従来の『古事記』関連本には、「私の出っ張った部分とあなたのへこんだ部分」の会話を性交の意味と捉え、「ヒルコ」を女から声を掛けてはいけない教えとか、近親相姦をしてはいけない教えといった珍解釈が堂々と書かれていた。実はそこに『古事記』全体を読み解くキーワードが隠されていたのである。

「出っ張った……」というセリフと共に、イザナキ、イザナミが天之御柱《あめのみはしら》をそれぞれ左右に回る場面がある。「すべての根源は回転」とギリシアの哲学者アナクサゴラスは説いた。根源、つまりエネルギーの発生する原理を説明している。男であるイザナキが陽、つまり「＋」エネルギーを表し、女のイザナミは陰、つまり「－」エネルギーを表している。この世界は＋と－のエネルギーによって動いている、つまり陰陽の原理を説いている場面であり、それは統治の原理にも使えること、さらに陰陽を逆にしてしまうと「ヒルコ」、つまり失敗すると言っている。詳しくは本文を参照して欲しいのだが、その原理が分からないまま『古事記』を読んだとしても、字面だけを追いかけることとなり疑問が疑問のまま持ち越されることになる。今まで多くの『古事記』の関連本が出版されているにも関わらず、様々な疑問が解かれることなく現在に至ったのは、そのためである。

疑問の主だったものを挙げると、ほぼ同時期に二冊の史書がなぜ編纂《へんさん》されたのか、天地開闢《かいびゃく》神話が『古事記』と『日本書紀』で違うのはなぜか、なぜ『古事記』は神で『日本書紀』は尊《みこと》なのか、なぜ女性神の天照大神が天皇家の祖神なのか、なぜ大国主神《おおくにぬしのかみ》の出雲神話が『日本書紀』に書かれていないのか、国譲りは本当にあったのかといったものである。これ以外にまだ多くの疑問が出されているが、編纂の意図を知った上で陰陽の原理をあてはめて考えれば、それらは解くことができるし、その答はすべて本文に書いた。

『古事記』を正しく読み解く上で大事なことが三つある。一つ目は、『古事記』が書かれた理由について、企画立案した天武天皇の立場に立って探究することである。実は、従来の『古事記』関連本のほとんどが、この作業を何ら行っていない。『古事記』は将来にわたる天皇のあり方とその原理を、神話の中に組み込んだメッセージ性の強い史実的な物語である。そのメッセージを読み解くためには、『古事記』プロジェクトの中心人物である天武天皇が置かれた状況と当時の日本の歴史的、地政学的な状況を調べる必要がある。人は自分が置かれた環境から問題意識を持ち、物事を考える動物だからだ。歴史的事象を天武天皇の目線から見ることによって、彼の気持ちを推し測ることが可能である。そうすれば、より精緻な解釈が可能となり、様々な疑問が氷解する。そのような問題意識から、第一章では当時の史実を踏まえて、天武天皇の心情を捉えることを試みた。

二つ目は、『古事記』と『日本書紀』はそれぞれまったく別の意図で編纂されたものなので、比較検討をしてもあまり意味がない、ということである。共通している部分とそうでない部分は分かるかもしれないが、そこから『古事記』に込められたメッセージを解くことはできない。同じような内容の映画だからといって、両方を比較して論じても、それぞれのテーマに迫ることができないのと同じ理屈である。記紀という言葉があるように二つをセットで捉えようとする従来の流れがあるが、製作意図がまったく違う両者を比較しても、本質的なことは結局何も分からないまま終わってしまう可能性が高いし、実際にそうなっている。

そして三つ目は、立ち位置を正しくとることである。「天皇による国家支配の正統性を根拠づけるという権力者の意志のもとにまとめ上げられた」（長谷川宏『日本精神史 上』講談社、二〇一五年）という立ち位置から『古事記』を見ようとしても、肝心なことは何も見えないということである。なぜなのか。先入観という「色眼鏡」によって、すべてのものが歪んで見えてしまうからだ。哲学者ベーコン（一五六一～一六二六）が説いたイドラ（偶像、先入観）を見ることになる。歴史的事象や史料は帰納法的に考えないと、正確に読み解くことはできない。実際に「支配」という言葉を使った瞬間から、そのモードで『古事記』を読み始めるため、数多くの重要なメッセージを見逃してしまっている。

そもそも「天皇による国家支配の正統性を根拠づける」ためならば『日本書紀』だけで事足りるはずである。わざわざ同じようなものを、正式な漢文ではなく大和言葉を交えて分かりにくくして書き遺す必要はなかったはずである。しかも記憶力や創作力が優れているということだけで下級役人の稗田阿礼を大抜擢しての事業であった。稗田という姓から察するに、たぶん宮中に上げるために急遽《きゅうきょ》与えたものであろうと言われている。身分制度が厳格に守られている時代において、プロジェクトにとって必要な人材ということだけで特別の計らいをしての登用である。その阿礼一人を相手にして天武天皇自ら古事記編纂に関わるような状況であったと言われている。

記紀事業そのものは併行して進められているが、古事記編纂については、ひっそりと事を進めている。つまり、『日本書紀』については天武天皇が詔を発し(六八一年)、史書編纂を公にしているが、『古事記』にはそれがなく序文に天武天皇の勅命であったことが書かれているだけである。天皇支配のための事業という思い込みで考えていると、これらのことがまったく説明できなくなってしまう。その挙句、苦し紛れに出てきたのが『古事記』偽書説、『古事記』序文偽造説といったものであろう。

そのような説を出して辻褄合わせをしなければならないのは、取りも直さず立ち位置が間違っていることを白状しているようなものである。つまり、天皇支配の歴史という立ち位置を修正する必要がある。そこに留《とど》まっている限り天武天皇の思いと考えを真に理解することはできないだろう。

実際には、まったく逆である。権力をすべて手放す決断をしたのである。トップに居ながら脇役に徹することを決意したのである。今で言うところの市民的権利や自由をすべて放棄し、人生を捧げる覚悟をしたのである。何のために。日本という国のためである。そのことが伝わらず、天皇親政政治を復活させようとした天皇も現れた。一番代表的な天皇は後醍醐天皇であろう。天武・持統以降も天皇支配が継続しているならば、そういった天皇の行動は説明がつかないことになる。天武天皇が手放す決意をした権力は、藤原氏、平氏、源氏、徳川氏、そして上皇が握ったこともあるが、様々な勢力がそれを行使したのである。そうでなければ、幕末の大政奉還の説明がつかなくなる。

ところで、天武天皇はなぜ天皇の権力放棄という突拍子もないことを考え出したのであろうか。中国の歴史を見れば分かるように、彼らはいつ果てるともなく延々と権力闘争を繰り返している。同じように狭い国土で権力闘争を繰り広げれば、民も疲弊し、安穏な生活はいつまで経っても実現しない。天武天皇はそれを幼少の頃から身近で散々見聞きをしてきたし、自分自身も肉親を討ち倒した。現在、たまたま権力の頂点に君臨しているが、いつ追い落とされるか分からない。力勝負であれば、そういうことが繰り返されていく。どこかでその悪しき連鎖を断ち切る必要がある。権力を手放すことによって求心力を得ることを考えたのである。そんなことができるのか。現にできている。新年の宮中参賀や御誕生日の一般参賀には毎年何万人もの人が純粋にお祝いのために訪れて日の丸の小旗を振っている。権力を手放してもなおかつ、人々が振り向き寄り添ってくれる。そのメカニズムを彼は考え出したのである。

大陸では多くの国や民族がひしめき合い、国境線をめぐって絶えず争いを繰り広げ、それは今も続いている。そのため統治者に巨大な権力と権限を与え、国を守ることを第一と考えるようになっていく。ところが、日本の四方は荒海で囲まれているため、国内のことだけを考えれば良いことを天武天皇は何かの拍子に気付いたのであろう。結局、白村江の戦い（六六三年）の後、唐と新羅の大軍は攻めてこなかった。天皇が権力闘争の輪の中から外れることによって安寧の世をつくれるのではないかと思い立ったのである。聖徳太子が説いた「和の国」の具体像が見えた瞬間だったのである。

詳細は本文に譲るが、『古事記』編纂の事業は、日本がそこに暮らす人々も含めて未来永劫安寧な世の中であるには、どのような原理を採用し、どのような統治の仕組みをつくれば良いのかという天武天皇の壮大な問題意識の上に立って始められたプロジェクトだったのである。とにかく、権力温存のアリバイづくりのための『古事記』編纂事業と思っている限り、いつまで経っても正確に読み解くことはできない。監督の思いや考えを無視して映画鑑賞をするようなものだからだ。そして何事を解明するにしても、ミクロとマクロ、陰と陽の二つの視点が必要である。それらによって立体的に物事を理解できる。ミクロだけ、つまり『古事記』だけを見つめていても、『古事記』に込められたメッセージを読み解くことはできない。「群盲象を評す」ことになる。

そして実は、天武天皇はそのメッセージを具体化するために、律令制（飛鳥浄御原令）を用意した。構想だけ書き込んで、制度を用意しなければ画餅となるからである。どのような構想だったのかは太政官制度の仕組みを分析すれば分かるが、それについては第五章で詳述した。先行研究に依拠しながら分析をすると、時の権力者をその制度内に取り込む考えだったことが分かる。要するに「太政官－神祇官」制度は、権力と権威の分離を保障するための制度だったのである。天皇は時の権力者を支える役割を担おうとしたのである。実際に平清盛、足利義満、豊臣秀吉、徳川家康といった面々は太政大臣として任命されている。最後の将軍の徳川慶喜は内大臣である。『古事記』を天皇の権力支配の正当化の書として捉えてしまうと、律令制度の本当の狙いが分からなくなってしまう。

とにかく天武天皇が考案した「太政官－神祇官」制度は、約千百年の命脈を保って明治の時代まで存続したのは事実である。制度も建物と同じで基本の考えが道理に適っていれば長年の風雪に耐えることができる。そして、その制度の庇護のもとに文化の華が咲き誇ることになる。つまり、天武天皇の構想の検証は、江戸時代までに学問と文化がどのような華を咲かせたのかを見ることによっても検証できる。現実の世界を見れば分かるように、強権国家や特定のイデオロギーが支配する国において、多様な文化、芸術の華が咲くことはあり得ないからである。

天武天皇によって始められた日本独特の統治のあり方が皇統と多様な文化の歴史をつくり上げたことは間違いない。ところが、明治の為政者が受け渡されたバトンの形も色も変えてしまう。伝統文化をかなぐり捨てて、西洋近代社会をモデルにした国づくりを進めていく。当時の状況をドイツ人医師ベルツは「自国の歴史や文化をこれほど軽視するようでは、とうてい外国人の信望は得られない」と日記に書いている。明治維新の最大の問題点は、日本の伝統的な統治の形態を完全にそこで断ち切ったことにある。国柄とは真逆の富国強兵政策を採用し、帝国主義の道をひたすら進み、究極の敗戦を迎えるに至った。ただ、その総括が未だに行われておらず、負の影響が現在にまで及んでいる。本書が現代の歴史まで辿ったのはそのためである。

『古事記』の中には、有益な魂のメッセージが多く入っている。それが読み解かれるどころか、誤解をされたままでは、ここまで苦労して『古事記』を伝えてくれた先人たちに申し訳ないと思っている。『古事記』に託した天武天皇の思いを読み解き、その上で、それ以降の歴史を見ることにする。そうすることによって、日本の歴史の真の全体像、さらには日本のアイデンティティが浮かび上がることになる。『古事記』には日本のアイデンティティが凝縮したかたちで詰まっているからである。本文を読み進めてもらえれば、そのことを実感するであろう。

時代は二十一世紀。世界は激しい自由競争を繰り広げ、その渦中に巻き込まれるうちにどの国も自国のアイデンティティを見失いがちになる。そういう意味で、国際社会は混迷の度合いを深めているようにも思える。日本も自分を見失いかけて迷走し始めている。自国のアイデンティティを見失った国を他国は信用しない。グローバル時代だからこそ自国の歴史と文化をアピールすべきである。実際に日本観光に来る外国人に目的を聞くと日本の伝統、文化に関するものが多い。長期的な国の成長を考える上でも、アイデンティティは有効な指標となり得る。その国にとって、生き抜く方向性を示すものだからだ。

日本の若者の自己肯定感、自己有用感（自分が役立つ人間と思う感覚）が諸外国の若者と比べて低いことが言われて久しい。根本的な原因は、日本のアイデンティティが確立していないからである。自分が入社した会社が歴史も含めてどういう特徴をもった会社で、これから何を目指していくのか分からなければ、自分の能力をどの部署でどう発揮して良いか分からないし、果たして自分が役立つ人材なのか不安になる。同じ理屈である。識者の中には若者に対する教育を説く方もいるが、原因の多くは本体にある。それから少子化も同じ理屈である。どういう国か分からなければ、安心して子どもを産み育てようとは思わないからだ。「手当て」の問題ではない。

では、本体の国のアイデンティティを明らかにするには、どうすれば良いのか。そんな時こそ、先人の思いを汲み取ることが有益と考える。どういう国であって欲しいと先人は思っていたのか、そしてどのような歴史を辿ったのか、それらを理解する中で、日本はどういう国なのか、あるべき論も含めて個々人が考える時代だと思っている。この書が、そのきっかけとなれば幸いである。

なお、あらかじめお断りしておきたいことがある。神の名前を省略したり、カタカナ表記をしたりすることを。そして、天皇や皇子を付けなければいけないのにそれを省略したり、代名詞を使う場合があることを。すべては読者にとっての読みやすさを第一に考えての措置である。多くの漢字が並んで読みにくいと、途中で読むのを止める人も出てくるかもしれない。せっかくこの書を手に取ってくれた人に申し訳ないので、本文は神様や天皇・皇子より読者を優先する措置を講ずることとした。カタカナや代名詞で表記したからと言って、その神や天皇を軽んずるというつもりは毛頭ない。あらかじめ、ご了承願いたい。

二〇二四年四月吉日

目次

第一章　『古事記』の時代背景を探る

天武天皇の即位前は大海人皇子であり、生まれ年は不詳だが、六三一年位の生まれだと言われている。彼の兄の中大兄皇子（後の天智天皇）は六二六年の生まれなので四～五歳離れていたことになる。中大兄は当時の実力者の蘇我親子を討ち滅ぼすという衝撃的デビューで歴史の舞台に登場し、十九歳で実権を握り天皇親政政治（大化改新）を始める。その当時、天武は十四～十五歳位だったと推測される。

天武は父と母、そして兄と叔父が天皇という境遇の下、二通りの天皇――権力者としての天皇と権威者としての天皇――を間近で、しかも長期にわたって見ている。そのことが、彼に天皇のあり方を考えるきっかけを与えたことは、間違いない。

そして、当時は内外ともに動乱の時代である。内においては、皇統が脅かされ、天皇が権力闘争をする状況があり、かなり混乱した様相が窺《うかが》われる。中国大陸や半島では様々な王朝の興亡があり、その影響と圧力を日本が受けていた時代でもある。

これまで『古事記』は、あくまでも天皇が自分たちの支配を正当化するために作成されたと思われてきた節がある。そのため、歴史的状況は取るに足らないと思われ、まったくと言って良いほど考慮されてこなかったのだが、皇族として人間、内外の連続して起きる予想外の出来事の数々に頭を悩ませる日々を送る中、問題意識を膨らませていったのである。

動乱の時代の中『古事記』編纂を思い立つ

天武が自分の考えを形成するにあたって多くの影響を受けたのが七世紀の朝廷周辺の動向、特に蘇我氏との確執、そして大陸と半島の動向である。六世紀の終わりから八世紀の初めにかけて主だったものを並べてみた（【図1】参照）。特に今回のテーマに関連する出来事については、印《しるし》をつけた。

天武が『古事記』編纂に着手したのは五十歳頃である。それまでの人生経験の中で蓄積した問題意識がいくつかあり、それがベースとなって『古事記』が生み出されている。彼が問題意識を形成したであろう出来事を中心に、当時の

【図1】

	587年	物部氏滅亡
	592年	崇峻天皇暗殺事件
	604年	憲法十七条制定
	607年	小野妹子　遣隋使派遣
◎	618年	隋　滅亡　唐の建国
◎	628年	唐　中国統一
	630年	第1回　遣唐使派遣
◎	643年	蘇我馬子により山背大兄王一家滅亡
◎	645年	大化改新　蘇我氏滅亡、唐・高句麗戦争
	660年	百済滅亡
◎	663年	白村江の戦い
	668年	高句麗滅亡
◎	672年	壬申の乱
◎	673年	天武天皇　即位
	676年	新羅　朝鮮半島統一
◎	681年	『古事記』、『日本書紀』編纂スタート
	686年	天武天皇　崩御

時代状況を簡単に振り返ることにする。

改めて見ると、天武が考えを形成した時代というのは、内外共に動乱の時代であったことが分かる。大陸や半島では王朝の興亡が繰り広げられ、隋が滅び、唐が興る。半島では高句麗、新羅、百済が覇権を争い、それに唐と日本が絡む展開となる。高句麗内の政変に唐が絡むということもあった。王朝はそんなに簡単に滅びるものではないが、隋、百済、高句麗の三つの王朝が滅び、新羅が勢力を伸ばす。

そして、何と言っても大きな事件は白村江の戦いであろう。日本の友好国であった百済の復興を支援するために軍隊を送り込んだが、唐・新羅の連合軍に完膚なきまでに打ちのめされ約三万人の兵を無くしている。当時の人口は五百万人位なので、現代に換算すれば約六〇万人となる。その位大きな犠牲者を出した敗戦だった。日本は半島への足掛かりを完全に無くすことになる。

当時は天智天皇の治世であるが、防衛のため九州に水城《みずき》を設置し、対馬など六か所に山城をつくり、対馬など三か所に防人を置いた。〝敵〟を瀬戸内海に引き入れて迎え撃つつもりだったのだろう。そのため都を内陸の近江大津宮に移している（六六七年）。慌てながらも真剣に対応している。新羅はその後朝鮮半島を統一しているので、唐と新羅の圧力を感じての日々であったと思われる。遣唐使も中断される。

目を国内に転じると、当時は天皇が権力闘争をしていた時代であり、朝廷周辺で血生臭い事件が相次ぐ。有力豪族の蘇我氏と物部氏との対立そして抗争の中で物部氏が滅亡する。蘇我馬子によって崇峻天皇が暗殺されている。衝撃的だったのは、蘇我入鹿《いるか》による山背大兄王一族（十人）殺害事件ではないだろうか。宮家が一瞬にして消滅してしまった。山背大兄は入鹿とは従妹《いとこ》関係に当たり、聖徳太子の嫡男であった。聡明で大変評判も良く、次の天皇と目されていた人物である。入鹿は古人大兄《ふるひとおおえ》皇子を擁立しようと考えていたので、山背が障害となると考えての狼藉であった。中大兄も大海人も当時は十代であるが、どうしてこんなことが起きるのかと怒りと共に問題意識を膨らませていったと思う。

蘇我氏の横暴という言葉で表現されることがあるが、宿敵物部氏を滅ぼし、一つの宮家を消滅させた。皇統そのものが取って代わられる危険性も出てきた。その危機を感じた中大兄はその2年後に蘇我蝦夷《えみし》・入鹿を打ち倒すことになる。世に言う大化の改新である。

中大兄は天皇に権力を集中させる方向で国づくりを考えていく。その後の大きな動きは、壬申の乱であろう。天智天皇亡き後の皇位継承をめぐって、弟の大海人皇子と天智の嫡男の大友皇子が争った事変である。大海人が勝利をし、飛鳥浄御原宮で即位をして天武天皇となる。天武は兄とは違った問題意識のもと国づくりを考えていく。そして、探し当てた解決策を『古事記』の中に遺すことを考えたのである。

皇位継承をめぐる争いの時代

前項で足早に壬申の乱まで概観したが、少し時間を前に戻して、大化改新がどのような状況の中で起きたのかを確認したいと思う。なぜ、そこに戻る必要があるのか。皇位継承が争いの種となっているが、皇統争いが根底にあるからである。中大兄と大海人は天皇家の一員として、皇統を維持したいと思っていたはずだが、自分たちはまだ十代で力がない。そのジレンマの中でどのように行動し、それがどのような形で引き継がれたのか。客観的なものを手掛かりにしながら、彼らの心情を推し量りたいと思う。

六二二年に聖徳太子（厩戸皇子）が四十代後半という予想より早い薨去《こうきょ》が皇位継承問題に影を落とすことになる。太子は三十一代用明天皇の皇子であり、馬子の娘を妃としていたので、血統的にも彼が一つの「重し」になっていたのは間違いない。「明確な国家意識を持っていた」（渡部昇一『日本の歴史①古代篇』WAC、二〇一〇年）人物であり、隋との対等外交を模索しつつ冠位十二階という能力別人材登用システムを導入した。そんなこともあり、聖徳太子の治世の三十年間（五九三〜六二二）は皇族内の争いも豪族の反乱もなかった。

まさに「和」の時代であった。

　彼が歴史の舞台から去ると、急に朝廷周辺の雲行きが怪しくなる。去ったその年に新羅をめぐって朝廷内が二つに分かれ、翌年には推古天皇と蘇我馬子が葛城県《あがた》の領有権をめぐって対立している。さらに、皇嗣《こうし》、つまり次の天皇を誰にするかで、田村皇子を支持する豪族と山背大兄を支持する豪族に分かれてしまい、お互いどちらかに決しかねる状況が生まれたのである。推古は崩御前日にその二人を病床に呼んだという記録（「推古紀」）があるものの、結局決まらないうちにこの世を去る。このことが後々に禍を生む。

　その時点で、田村皇子は四十三歳、山背大兄は十五〜二十歳位であっただろうと言われている。天皇の年齢については三十歳以上という不文律があったのと、有力豪族の蘇我蝦夷が田村皇子を推したこともあり、結局彼が舒明天皇（三十四代）として即位することとなる。ただ、これで万事決着とはならない。即位したものの四十代後半で崩御してしまう（六四一年）。長男の中大兄はまだ年齢的に十代の半ばで若いということで、舒明天皇の皇后が皇極天皇（三十五代）として即位する。そして、この頃から蘇我氏が皇統について露骨に容喙《ようかい》し始め、尊大に振る舞い始める。『日本書紀』の記録によると、天皇の特権とされた八佾《やつら》の舞を蘇我蝦夷が仕切ったり、陵（墓）を造成したりしている。陵というのは、天皇家だけに許された名称だったのである。

義憤が引き起こした大化改新

我が物顔の振る舞いに対して、山背の妻が「天に二つの日無く、国に二の王無し」と言ったという。つまり、国に二人の王はいらないという意味であるが、この言葉が入鹿の反発を買うと同時に大化改新のスローガンとなっていく。

皇極が女帝ということもあり、持統の時の失敗を繰り返さないためにも、早くに皇嗣を決めておいた方が良いという話になる。古人大兄と山背大兄が候補としてあがり、山背に人望が集まるようになる。そのタイミングで蝦夷が病気で公務ができなくなり、入鹿に大臣の位を譲る。その入鹿が古人を次期の天皇として考えるようになることは前述した。古人は舒明天皇と蝦夷の姉との間の子であり、山背は蝦夷の妹の子である。二人とも入鹿からすれば従妹にあたり親族で身内であるが、権力欲と所領欲を満たすために山背の襲撃を考える。『上宮聖徳法王帝説』によると、聖徳太子は四天王寺、法隆寺、中宮寺など七寺を建てたとされる。当時の寺は寺領を持ち、特に四天王寺と法隆寺は広大な寺領を所有していた。物部氏は蘇我氏に滅ぼされるが、蘇我氏側に付いた聖徳太子はその所領の半分を四天王寺領にしたと言われている。上宮王家そのものを討ち滅ぼせば、そういった財産をすべて手に入れることができるし、自分の推した人間を天皇にすることができるという一挙両得の恐ろしいことを考えたのであろう。蘇我氏は他の豪族と結託して山背の上宮王家を急襲する。

山背ら一族は法隆寺に立てこもって戦い、そこで敵方の大将の一人である土師娑婆《はじのさば》を戦死させている。山背は一旦は生駒山に逃れ四天王寺に向かおうとするが、行く手を阻まれることになる。東国に逃れ再起を図りましょうという部下の進言があったが、「慈悲喜捨」の考えを説き、自ら進んで斑鳩《いかるが》に戻り、斑鳩寺で最期を迎えたと伝えられている。

「慈悲喜捨」というのは、自ら一人が犠牲になれば、巻き添えで死ぬ人はそれだけ減るという聖徳太子が説いた教えである。しかし、犠牲は彼一人では済まなかった。山背とその妻、そして八人の子供全員が犠牲となった。宮家一家全員殺害事件が大化改新の二年前に起きたという捉え方ではなく、この衝撃的な事件が大化改新を呼び込んだと考えるのが自然である。宮家が違うとは言え、激震は中大兄と大海人（天武）の心を揺さぶり、彼らの怒りは頂点に達したと思われる。

　天皇の後継候補でもあった山背を葬り去ることにより、自動的に皇位継承者が決まり、権力も資産も蘇我氏に移行するような状況がつくられた。もちろん、それを由々しきことと考える人たちもいた。過去には、蘇我氏によって崇峻天皇が殺害されている。二度目の謀殺である。そして、その度ごとに蘇我氏は財産を増やし権力を拡大させている。事態をそのまま許せば、下手をすると皇統そのものが奪われるかもしれないとの危機感が増す。

　反蘇我の中心に中大兄が入り、中臣鎌足、蘇我石川麻呂らが協力する。入鹿を大極殿において誅戮《ちゅうりく》し、その翌日に蝦夷は自邸で自尽《じじん》する。蘇我氏が滅亡した翌日に皇極天皇の弟の軽皇子が三十六代孝徳天皇として即位し、中大兄が皇太子となる新政権が発足する。

改新政治に対して反発・反乱

　中大兄が皇太子として実権を握るのだが、その手本を聖徳太子に求めていたところがある。新政の綱領を発表している。『日本書紀』に掲載されているが、その考えの出どころは十七条憲法である。焼き直しと言っても良いかもしれない。

ところで、日本の憲法学者で十七条憲法を評価する人はほとんどいないと思われるが、一九九八年にノーベル経済学賞を受賞したアマルティア・セン教授（ハーバード大学）は、「十七条憲法に記された民主主義的な考え方は、その後の日本の発展に大きな役割を果たしてきました」（佐藤智恵『ハーバード日本史教室』中公新書ラクレ、二〇一七年）と言っている。セン教授が評価しているのは十七条の最後の規定、「夫れ事は独りさだむべからず必ず衆とともに論《あげつら》ふべし」である。独断を禁じ、必ず皆と議論して決めなさいと言っている。この考えは『古事記』の中にも採り入れられているのだが、民主主義の教えを七世紀の時代に説いたことを大変評価している。

十七条憲法の「君をば則ち天とし、臣をば則ち地《つち》とす。天覆《あめおお》いて地載せて……地天《つちあめ》を覆《くつがえ》さむと欲する時は、則ち壊るるに致《いた》るのみ」（三条）と「国に二君非《な》く、民に両主無し」（十二条）を敷衍《ふえん》して新政の綱領は「……臣は朝《みかど》に貳《ふたごころ》あること無し」としている。つまり、自然界が天地あるようにこの社会も天地がある。天が天皇であり、地が家臣である。天が万物を覆い、地は万物を載せるという、それぞれの役割があり、地が天に代わって万物を覆ってしまえば、暗闇が支配する国になってしまう。要するに、国に二人の君はいらない。民も二人の主人はいらないだろうと言っている。

十七条の「民」を新政の綱領では「臣」としたのは、そこに中大兄の問題意識があるからである。臣である豪族たちが仕えるのは、ただ独りと言っている。臣下であることを忘れ、聖徳太子の上宮王家を滅亡させ、「国に二君」たらしめんとした蘇我氏の行動を念頭に置いての言葉であることがよく分かる。その時々の権力欲で主を忘れたり、力の強弱で仕える人を変えたりするなどという意味が「臣」に込められているのである。

やがては天武天皇として即位する大海人は、兄である中大兄が懸命に皇統を確立しようとしている姿やそれらに対する豪族たちの反応などを間近で見ているはずである。そういったことが、彼の天皇観に影響を与えていくことになる。

天智の時から元号が採用されることとなり、それを取って大化改新と呼んでいる。その中身だが日本式礼法から中国式礼法（立礼）に換え、冠位を十二階から十三階、そしてすぐに十九階とした。さらに、これまでの臣《おみ》・連《むらじ》・伴《ともの》造《みやつこ》・国造《くにのみやつこ》の職を廃して、新しい官職制度を導入することを宣言する。中国の制度を採り入れたのは鎌足の入れ知恵であろう。豪族たちに大きな衝撃が走ったと思われる。朝廷との結びつきを示すのが姓《かばね》であり、その中でも臣と連は由緒のある高い位である。その世襲が一族にとってもプライドだったからである。

半ば強引な改革の進め方もあり、「新政府のめざす方向への不満や不安は、豪族層のなかに、鬱積していった可能性が強い」（吉田孝『体系日本の歴史 ③』小学館、一九九二年）。それが様々な事件を生むことになる。すぐに古人大兄の反乱計画が起き、六四九年には蘇我石川麻呂の反乱計画が発覚する。この時には、関係者二十三人が殺され、十五人が島流しになっている。さらに、有間皇子の変と言われる謀反も発覚している。中大兄の宮から不審火もあり、大化の改新以降も、朝廷周辺で多くの血が流されている。

六五三年に中大兄は都を難波から再び前の大和に戻している。自分の身辺に不穏な動きがあると感じたためであるが、大和は四方の山が自然の要害となっていて防衛しやすいからであろう。遷都に孝徳天皇は反対したために、彼は難波に残ることになる。そういった彼らの行動を見ると、中大兄と孝徳天皇の不仲が分かるし、天皇には権力がなかったことも分かる。

しばらくして孝徳天皇が崩御し、斉明天皇が即位する。この天皇は中大兄の実母であり、実は二度目の即位である（一度目は皇極天皇）。六十二歳の母を天皇としたのは、自分の思った通りの政治をすることができると考えたからであろう。こういった姿を天武は間近で見ているはずである。孝徳を残したまま都を飛鳥に戻した時や百済救援の部隊を派遣するための本営を筑紫に置く際に、天武（大海人）は兄の中大兄に同行しているからである。

天武が十代の半ば頃から見ていた孝徳と斉明の二人の天皇は権力者として振る舞っていない。中大兄は天智天皇として即位をしてからも、権力者として振る舞っている。この経験が天皇像を考える上で後々大きなヒントになったと思われる。

天武天皇の深遠な問題意識

天武にとって大きな転機となったのが、壬申の乱である。『日本書紀』によれば、天智天皇が病に伏せるようになり、その病床に大海人を呼んで皇位継承の話をするが、彼は辞退をし、出家をして吉野宮（奈良県吉野町）に向かう。天智の気持ちは嫡男の大友皇子を即位させることであった。そのため、即位の意志を示すと命が危ないので、身を守るために辞去したと言われている。『日本書紀』では、それを「虎を南に放つ」と表現している。天武は背が高く、幼少の頃から利発聡明で、天文学や忍術に優れていたという記録が残っている。天智も能力が高かったと思われるが、その彼が用心していた形跡があるので、人望が高く優れた人物なのであろう。

天智天皇の死後、天武は自身討伐の動きが朝廷にあるとの情報を得て開戦を決意する。大友側に蘇我氏や中臣氏といった中央の有力豪族がつき、天武に地方の中小の豪族がつく。古代の天下分け目の合戦が関ケ原を舞台に繰り広げられた。戦乱は約一か月続き、最終決戦となった瀬田川の戦いに勝ち、大友皇子を自害に追い込む。

大友側についた中央の有力豪族は没落し、天皇に対抗する有力豪族がいなくなる。そんなこともあり、天武の「治世の十数年間、一人の大臣もおかず、皇族以外の豪族が重要な国政に参与した形跡はほとんどみられない」（吉田孝前掲書）。誰にも邪魔されることなく、思った通りの政策を実行することが出来たということであろう。

そして、実はこういう時の政策を分析することによって、その人間のスケールや大局観のあるなしが分かる。まず一番目は外交問題、特に中国との関係構築に努めた。中国の華夷体制に組み込まれないために、「『天皇』と並んで『日本』の国号も天武朝に定められた可能性が強い」（吉田孝『体系日本の歴史③』小学館、一九九二年）。従来の大王《おおきみ》であれば、中国の冊封体制に入ることを意味する。単なる名称変更ではなく、そこには独立した国家として、独自の考え方でこれからは歩んでいくという考えが込められている。『日本書紀』の中に史実を編年体で書き込み、歴代天皇の事績を正式な漢文で書き記すことによって、中国に国名と共に日本という国を理解してもらおうと考えたのである。

『旧唐書』の中に、「倭国伝」と「日本伝」の二項目がある。少なくとも唐が国名を認めたことが分かる。戦火を交えたが、六八〇年頃には外交関係は修復に向かって動き始め、対等な関係による遣唐使船の派遣が八世紀から行われるようになる。天武は中国に対して、天皇と日本の名称を『日本書紀』によってアピールしようと考えたのである。

二番目は、律令制の導入である。飛鳥浄御原令は「わが国で初の体系的な成文法典」（『日本生活文化史　２』河出書房新社、一九八〇年）として評価されている。令は現代で言えば、行政法、組織法を意味する。『古事記』に書き込んだ原理は、制度や組織を通して現実社会の中に反映されていく。原理・理念と制度は二つで一セットと考える必要がある。そんなことから、天武は令の中身に問題意識を持ったのである。具体的には、「太政官－神祇官」の二官体制の中で、権限を太政官の大臣に委ねつつ、権威者として君臨するポジションを取ったのである。そして、かたちだけ唐の律令制度にならったが、そこには新羅対策の意味があった。それについては、後述する。

三番目は、精神的な柱を定め、食生活のあり方を定めた。国内秩序を本当に維持するためには、制度だけ作って強権的に治めようとしても失敗する。隋を始め中国の王朝史を調べ、その失敗から学ぼうとしたのであろう。『古事記』の「中つ巻」に大物主神を祭って天下が治まったという話が載っている（崇神天皇）。庶民の精神的な柱として地域の共同体が信仰する氏神を認め、それを官製の神に統合することを思い立ったのではないかと見ている。

食生活で重要なことは、肉食をどうするかである。具体的には、牛肉、馬肉、豚肉であるが、これらが普及すると牧草地が必要となり、森林を切り開くことになる。そうすると治水や作物環境の問題が生じ、川魚や沿岸漁業に影響が及ぶ。その上、肉や動物では税として徴収する場合に不都合である。肉食が普及すると、好ましからざることが多くなる。四つ足動物の肉は食べないという原則を、仏教の無益な殺生をしないという教えから引っ張り出して普及させた。

四番目に、国のアイデンティティを定め、民の精神的な拠り所を確立しようとした。国を一つの家、つまり国家としてまとまることを考えたのである。国号の「日」は太陽を表わすので、最高神を天照大御神と定め、伊勢神宮に祀ることとした。伊勢が選ばれたのは、「日が昇る東の海に面した伊勢の地方では、古くから太陽神への信仰がさかんであった。伊勢はまた、大和朝廷が、東国へ進出する拠点でもあった」（吉田孝　前掲書）からである。六八五年には、二十年ごとの式年遷宮を定めている。これに従い持統天皇の年代に第一回を行い、現在までそれが続いている。そして、伊勢神宮の整備と全国の神社の修理を命じている。神社には鎮守の森が必ずある。自然環境も含めて地域のシンボル的機能を期待したのであろう。そして、宮廷の祭祀として行われていた新嘗《にいなめ》祭を国家的な祭祀として整備した。大嘗祭《だいじょうさい》とともに現在まで受け継がれているが、いずれも祭主は天皇である。権威者として君臨するという計算がそこにはあったと思われる。

五番目は、仏教に鎮護国家の役割を果たさせるべく、国立の大官大寺（大安寺）

を造営し、「諸国に金光明《こんこうみょう》経や仁王《にんのう》経などの護国経典を購読させ、日本の古代仏教の基本的な特色である護国仏教への路線を敷いた」（吉田孝　前掲書）。薬師寺を建立し、六八五年には大和法起寺に三重塔を完成させている。それ以外に意識的に多くの寺を建立している。天武の時代ほど寺院が増えた時代はないと指摘するのが田中英道氏である。『扶桑略記』によると推古天皇の時代には、四十六の寺院が天武崩御の頃には五百四十五寺になっていたとのことである。

そして全国の民には仏壇を置いて仏像を拝むように命じている。日本は神仏習合の国であるが、その基礎固めを行ったのである。家の中に仏壇と神棚の両方がある光景は外国の人には奇異に映るらしいが、近くの先祖に対して仏壇で祈り、遠くの先祖に対しては神棚で拝むということである。そして先祖はやがて神となって故郷の野山に還っていく。その祖先神を祀る神社を各地域に建てた。警察も刑務所もない時代。とにかく、民が目に見えない大きな力を畏れ信じて生活することが、国家安泰の基本条件と考えたのである。

天武は以上、五つのことに問題意識を持って国や民の生活に関する指針を定めたのであるが、この中に私的利益を追究したものは一つもない。すべて日本の国のことを考えての施策である。それが先に「深遠」と記した理由である。

権力者ではない天皇を模索

天武が次に考えたことは、前項で示した五つのことが守られてさえいれば、日本は安定的かつ永遠に存続するであろうかということである。

大陸の様々な王朝の興亡の記録が、日本にもたらされていた。隋という大帝国が三十年足らずで滅亡し、唐が興る。親交があった百済は結局滅亡した。高句麗も滅亡した。新羅が半島を統一した。短期間でこれだけ多くの国家の興亡が間近で起きることは稀であろう。否が応でも、国家について考えさせられる状況だったと思われる。

なぜ、国は滅びるのか。大国でも滅びるということは、規模は関係ないということである。では、どのような原理がそこに働いているのだろうか。日本もやがてはそのような運命を辿るのだろうか。中国の律令制度は有効に作用するのだろうか。中国に対抗できるような強い国にする必要があるのに、中国の制度を使うのは良くないのではないか、そもそも強い国とは一体何なのか。仮に、それが分かったとしても実行できるのか。どのような制度を導入すれば永続的な国となるのか。そんな自問自答を繰り返す日々であったと思われる。

試行錯誤の末、国家の中心軸を定めることが重要と気付くが、それは中国も半島の国も行っている。要するに、中心となるべき天皇のあり方が問題と思い立つ。では、どのような天皇が相応しいのだろうか。人は自分の経験から出発する。

彼が出会った天皇は全部で五人――舒明、皇極、孝徳、斉明、天智。皇極と斉明は同一人物なので、正確には四人。孝徳は叔父、それ以外は、父、母、兄であり、全部「身内」である。どういう考えで天皇の職務を考えていたのか、彼には分かっていたはずである。権力者として君臨したかどうかという指標で見ると、自分の考えを前面に打ち出す天皇は天智くらいであろう。兄は有能な天皇であったと思う。聖徳太子の施策を学びつつ、望ましい社会のあり方を見据え、時には中国にならって改革を進めた。ただ、少し強引なところがあり、そのため敵も多かった。女帝であった母は、繋ぎという意識があったと思われる。権力者ではなかった。

どちらの天皇が、あるべき姿であろうか。多分、彼は悩んだであろう。どちらも一長一短があるからだ。権力者としての天皇であれば、考えたことが、そのまま実行できるという長所がある。しかし、常に身の安全を考えなければいけない。中国のそれまでの記録や自分自身が見聞きしてきた事案を振り返ると、権力者とその家族は常に生命と財産が狙われていた。

中大兄の時代にも、蘇我石川麻呂の反乱計画や有間皇子の変があった。たまたま防ぐことができたが、常に防げる保証はない。それでは困るのである。国の中心的地位にいる人物が偶然によって守られるというのでは駄目である。何があっても、その中心軸が守られなければ国は滅びてしまう。権力者だから狙われるのであって、権力を手放してしまえば誰も狙わないのではないか。ふと、そんな考えが頭をよぎる。ただ、そうすると先の五つのことが守られなくなってしまうのではないか。天武の自問自答は続くことになる。

「権力トーナメント」の主宰者になる

権力者でなければ人は去っていく。そうなれば、せっかく作った取り決めも廃れていくのではないか、そんなことも考えたであろう。確かに、権力者の地位に留まれば人は寄ってくるし、決まりも守られるだろう。ただ、権力がなくても、寄り添ってくれる人、自主的にサポートしてくれる人もいる。問題なのは人格の質であろう。高潔な人格者を育成すれば、周りに人が寄ってくるのではないか、と一瞬思う。ただ、天皇とて人間、高潔な人格を未来永劫にわたって求めるのは無理である。また、振り出しに戻る。

そんなことを色々考えながら、ふと思い付いたのが「権力トーナメント」に参加せず、トーナメントの主宰者になることであった。今はたまたまトーナメントの最高峰に君臨しているが、強敵がいつ現れるか分からない。現に、自分自身が血で血を洗う生々しい現場を通り抜けてきた。物部氏が滅ぼされ、その領地・領民を蘇我氏と聖徳太子の上宮家で分け、その上宮家は蘇我氏によって滅ぼされ、その蘇我家を中大兄が滅ぼし、その際には自分も兄を助けている。そして、兄は領地・領民を手に入れた。それを受け継いだ大友皇子を自分が討ち、今は最高点にいる。ただ、いつまでこの地位に留まれるかは分からない。私が安泰だったとしても、子々孫々の代までの安泰は保障されてはいない。

このままだと、この血生臭いトーナメントが延々と続くことになる。これでは、大陸や半島の国と同じである。場合によっては、このヤマト政権も滅ぼされるかもしれない。それを防ぐためには「権力トーナメント」の主宰者になり、その時代のトーナメント勝者をチャンピオンとして認定し、その者と主宰者が共同でこの国を治めるという方法があることを思い付く。共同なので、時の権力者によって葬り去られることもない。そんなことをすれば、自分自身の権力を否定することになるからだ。先に挙げた五つのことが、守られる見通しがついたことになる。

そしてトーナメントは、その歴史が長くなれば成るほど、大会と主宰者の権威は高まることになり、民もトーナメントが発展する方向で応援・協力してくれるだろう。そうなれば、大会そのものを破壊するとか、主宰者を亡き者にするなどと考える人間は出てこなくなる。そして、主宰者であれば人格的に優れていなくても大丈夫である。こんなことを考えたのであるまいか。作家の司馬遼太郎氏が天皇家は常に強い者に味方をするということを何かの本に書いていたが、まさに核心を突いた言葉である。強い者を引き入れるシステムを作ったのである。その究極の目的は戦乱なき世である。権力者との二人三脚の共同事業であれば、それは可能と考えたのである。

そしてその次に考えたのが、主宰者の〝資格〟である。「権力トーナメント」の主宰者が次から次に現れないようにしなければいけない。もしそうなれば、権力闘争の時代に戻ることになる。国内のトーナメントを一つに限定する必要がある。そこで思い付いたのが、祭祀の権威者として君臨することであった。ただ、急に都合よく何かの宗教や教えが天から降ってくる訳ではない。どうすれば良いのか。無ければ、神様にまつわる物語を作り、神様と主宰者である皇室を繋げ、社殿もつくることにする。ただ、建物はやがて朽ちてしまう。その建物と共に物語がなくなってしまえば、祭祀の権威者としての地位もなくなり、単なる普通の民となってしまう。それを避けるために、式年遷宮を思い付く。内宮と外宮を作り、二十年ごとに神殿を移す。建築技術も受け継がれるので、社殿は永久に建っているはず。内宮と外宮、二つを対にして考えるのは、陰陽の原理にも適っている。

人は現実社会を超越した存在に対して畏敬の念を持つものである。そして、現実の価値観に対して、見向きもしないような人間を尊敬する傾向がある。確かに、世界の四大聖人と言われる人は、目先の価値観に見向きもしなかった。現実の価値観を超えた存在として振る舞う、つまり権力欲を一切捨ててしまう、そしてなお且つ国の祖神のために祈り続ける存在であるならば、多くの人の気持ちは尊敬に変わり、民の心を結集し協力を得ることができるのではないか、それはちょうど台風の中心が何もないのに、周りからそこに向かって強い風が吹き込むようなものではないかと考えるようになったのである。

権威者としての天皇のあり方を陰陽など様々な原理の中で説きつつ皇統を定着させるための秘蔵書、『古事記』編纂のアイディアが天武の頭に浮かんだ瞬間だったのである。

国家安泰を『古事記』に託す

「燕雀《えんじゃく》安《いずく》んぞ鴻鵠《こうこく》の志を知らんや」という諺がある。小人《しょうじん》は大人《だいにん》の大きな志を知ることはできないという意味である。『古事記』は天皇支配を正当化するための書という見解がある。歴史関連学会の通説だと思われるが、今まで述べてきたように、自分たちの支配という小さな考えではなく、日本の将来を見据えての『古事記』編纂計画であった。

天武天皇が即位したのは四十一歳前後であったと思われるが、実に多くの事があったとしみじみ思ったことであろう。凄惨な現場や危機的場面に何回遭遇しただろう。そして、一度はすべてを捨てて髪を剃って沙門（法師）になった身。ただ、そういった経験が多くのことを考えさせるきっかけを与えてくれたことは間違いない。不思議なもので、平穏な生活の連続の中からは、問題意識は生まれにくいものである。何の刺激もないからであろう。スポーツと同じである。敗戦から学ぶという言葉があるが、何故負けたのかという問題意識がすぐに湧き起こる。反省と改善のための努力が始まり、それが次の飛躍に繫《つな》がることがある。

白村江の戦いで大敗を喫したことは残念だったかもしれないが、その結果、国の方向性を定めることができた。もし勝利していれば、いつまでも半島に関わり続けるようだった。敗退したので、半島や大陸に足を伸ばすのは分不相応という結論が自然と出た。野心さえなければ、相手との関係修復は進むものである。六八〇年頃には対外的な問題が、ある程度決着することになる。遣唐使は中断されたままだが、大陸や半島の国に心を配らなくても良くなった。

こうなると、国内の統治だけを考えれば良くなる。かと言って、国外のことを意識しない訳ではない。直接戦火を交えるということではなく、国力を増し、民を豊かにする、そういうレベルでの戦いを始めようとしたのである。それがひいては国防に繫がる。そういった思いの中で、先の五つのことを実行することが、未来永劫安寧な世の中を保つための方策であり秘訣と考え始める。そして、その時にハタと気付いたことがある。それは、自分の考えとは違う天皇が現れた場合、これまでの気付きと努力がすべて無駄になるのではないかということである。

どうすればいいのか。文書として書き遺すことを考えた。それが『古事記』だったのである。つまり、『古事記』は天武の問題意識の上に立って始められた「日本」構築のプロジェクトだったのである。天武は五十歳になっていた。当時は人生五十年の時代なので、残された年数はあまりないと思ったことだろう。与えられた残りの人生をどう使うか、その人の問題意識によって過ごし方が全く違う。小物は自分のためにだけ使い、大物は周りの人や国家・社会のために使う。

これから『古事記』を読み解いていくのだが、読者諸氏にはその前に「邪心」を取り払って欲しいと思っている。というのは『古事記』が求め、描いた社会は崇高だからである。「蟹は自分の甲羅に合わせて穴を掘る」という諺もある。自分が権力の頂点に立った時に何を考えるか。その観点から天武天皇を見てしまえば、何も見えなくなる恐れがある。今まで多くの学者・文化人がこの書の読解にチャレンジをしてきたが誰も読み解くことができなかったのは、そんなところにも原因があると思っている。要するに、読解の妨害をしてきたのは自分自身、心理学で言うところの「投影」である。そうならないためにも純粋に天武の心情と一体になって考えて欲しいと思う。

彼は今から約千三百年前に、日本に暮らす民が一つの家族のように平和に暮らす日々を夢想していた。それは夢であり誰もが実現できるとは思っていなかった。そのため周りに話をしても現実には無理ということで相手にされなかったと思われる。規模が百人程度の会社でも一つにまとめることは難しい。彼の考えのスケールの大きさを、もし自分が、という観点から想像してみて欲しい。当時は日本の正確な地理的、社会的なデータが充分にない時代。そういう中で、一つの国としてまとまるためには、どのようなことを考え、何をどのように準備すれば良いのか。凡人が考えるのは「力」であるが、なるべく使いたくない。そのような超難問課題をほとんど一人で考え、格闘したのが天武である。企画・立案、そして内容も含めてほぼ全編を天武がその知的能力をフル動員して創作したのが『古事記』である。章を改めて、『古事記』の中に込められた壮大なメッセージを紹介する。

第二章　『古事記』神話を読み解く――その一

学問研究に於て、思い込みや先入観は害悪となる。ベーコンが強く戒めたイドラである。人は真実を見ようとするが、時にイドラを見てしまうことがある。学会での多数説がイドラになることもある。ベーコンが言うところの劇場のイドラである。権威者が言ったから正しいと決まった訳ではないのだが、錯覚が発生することがある。下手をすると、誤解が増幅することもある。特に日本のような「肩書忖度社会」では、イドラが発生しやすいと思っている。

なぜ、そのようなことを書くのか。『古事記』について、学会誌や論文、多くの単行本が世に出ているが、アプローチがどれもよく似ているからである。『日本書紀』と比較するか、時には考古学的な知識を踏まえながら史実なのかどうなのかというアプローチの仕方をとる。

企画立案者である天武の志を読み取るということが極めて重要なのにその視点が全くない。単なる神話と歴代天皇の話だと思い込んでしまい、何も見えなくなってしまっている。立ち位置が間違っていれば、目を凝らし耳を澄ましても何も見えないし聞こえてこない。遠くを見ていれば、足元は見えない。ポジショニングが重要と言われる所以である。

天武が『古事記』に託した陰陽の原理と「シラス・ウシハク」の原理を理解してこそ、古事記神話を読み解くことができる。そうでなければ、憶測を交えて字面だけを追い掛けることになる。どのように読み取るべきなのかということを、左記で示すことにする。

重要機密事項を後世に伝えるための『古事記』

『古事記』は天皇家の支配の正当化を図るために書かれたものという、一種の都市伝説になっている見方がある。西洋の近代国家観ないしは階級国家観という「色メガネ」で見るとそういう見解となってしまう。それらは国家と国民を対立関係として捉える国家観であるが、それが出てきたのは十七世紀以降のヨーロッパである。時代的に合っていない国家観で『古事記』を読むのは、ピントの合っていない眼鏡で本を読むようなものである。せっかくなので、国家観について少し言及する。

ヨーロッパの国々は絶えず国境や宗教などをめぐって紛争を繰り返してきた歴史があり、国家が生き残るためには、どうしても巨大な権力を統治者に結集して警察国家を作り上げる必要があった。そのため、いきおい民衆の自由な生活を圧迫することが起こりがちだった。その中で、国民という概念と共に自由、権利、さらには平等といった概念が生み出されていく。つまり、自由、権利の概念は、国家という権力組織から国民が身を守るための「武器」であり「道具」であった。十七〜十八世紀の頃に成立した概念であり考えである。

それに対して日本は、四方を荒海に囲まれ他国と領土を接することがなかったため、大陸の国々のように強権国家をつくる必要がなかった。大陸や半島の国々とは全く異なった国づくりをすることになる。一つ屋根の下という言葉があるが、日本は家族主義的国家観のもと国づくりを始める。それは言葉にも遺っている。そもそも、国に「家」を付けるが、この家は家族の意味である。家臣・家中《かちゅう》、家老、家来、すべて同じである。国という大きな家族の中心に天皇を据え、臣や民に忠を説き、「和」を説くことにより国としてまとまろうという考えである。

日本の伝統的な考え方というのは、まず公がありきで、「公」の安定と「私」の安定を延長線で捉える。家の主が元気であれば、家族は安泰と考えるようなものである。公と私を対立関係で捉える西洋とはスタンスが対照的である。そのことは公の意味を調べると分かる。「『やけ』は『家・宅』。『おおやけ』の原義は大きな家」（精選版『日本国語大辞典』）であり、それが「国家の規模にまで拡大されたことにより、天皇の朝廷が『公』とよばれ、……中世以降の国家にも継承される」（尾藤正英『日本文化の歴史』岩波新書、二〇〇〇年）こととなる。

このような国家観において、権利といった概念が出てくる余地はない。権利は権力者に対抗する「武器」であり、家族内において武器は使わないからである。人権も同じである。要するに、人間として扱われていなかった歴史があったので、これからは人間を守れと言っているようなものである。先進的でも何でもない。一種の錯覚であり、思い込みである。

そして、天皇家も家族主義的国家観で統治を考えていたことが分かる資料が十七条憲法である。「上行えば下靡（なび）く」（第三条）、「共にこれ凡夫」、「相共に賢愚」（第十条）といった言葉を見ると、国家という共同体の中で共に生きる仲間として民衆を捉えていることが分かる。

六八〇年頃には、対外的な戦後処理がほぼ終わる。外患の憂いがなくなったと思ったのか、天武は六八一年に記紀編纂を命じる。編者は太安万侶である。同じ人を編者としたので紀記という言い方をするようになるのだが、天武の思い入れは『古事記』の方がはるかに強い。そこに日本国のあり方、天皇のあり方、国家の存亡のメカニズムを宇宙の原理と繋ぎ合わせて書き遺す必要があった。時間の猶予はあまりない。位が低くても能力さえあれば良い。むしろ、高くない方が好都合である。高い者を使えば、誰が採用されたかということで疑心暗鬼を生み、機密プロジェクトなのにそれが外に漏れる恐れがある。身分が低き者を宮中に上げるという異例の扱いをして編纂事業の助手として使いながら、『古事記』プロジェクトは極秘に、なおかつ『日本書紀』と併行して進められていく。

天武は、何かのきっかけで日本の国のあるべき姿を見出したのであろう。その決意のしるしが「天皇」という呼称である。「皇」は中国の皇帝が使う漢字なので、華夷体制下で使うことはあり得ない。つまり、中国や朝鮮半島の国々とは違う道を歩むという決意表明を天武はしたのである。

日本の統治の考え方を『古事記』の中に書き込むのだが、朝廷内には大陸や半島と通じている者がいるかもしれない。用心のため、先ず味方を欺く必要がある。どうすれば怪しまれずに「国の重要機密事項」を後世に文書として遺すことができるだろうか。次のことを考えた。

(i)国家事業とした。重要な文書ということを知ってもらうためである。

(ii)重要事項を神話の中に盛り込んだ。一種のカモフラージュである。だから特に重要なのは上つ巻の部分である。

(iii)対外的に『日本書紀』を刊行した。『日本書紀』の方が重要な文書であるかのように思わせることができるし、日本の国名をアピールできると考えたからである。

(iv)「古きことが書かれた書」という表題をつけて興味、関心を逸らそうとした。大陸や半島の国は、常に新しい情報を欲するからである。ただ、中には額面通り受け取って『日本書紀』と比較をした上で、新しいことが書いてあるので偽書ではと言う人がいるが、完全な早とちりである。

(v)正式の漢文と大和言葉を漢字で表し、読みにくくした。英語とローマ字を組み合わせて文章を作るようなものである。特に唐(中国)を警戒した。仮に入手したとしても、解読できないようにしたのである。

なぜ、それほどまでに唐を警戒したのか。『古事記』に書かれた統治の原理を理解し、それを実行されたら困ると思ったからであろう。中国に安定的な王朝が長期間にわたって存続し、彼らが栄耀栄華を誇るようなことになれば、日本は中国に呑み込まれる可能性が高くなると考えたのである。白村江の惨敗から学んだこともあったと思うが、長年の中国との交流・交易の中で彼らの思考傾向や行動パターンのようなものを肌で感じ取っていたのではないだろうか。

モノの生成には三つのエネルギーが必要

『古事記』の冒頭部分が大変重要である――「天地が初めて発《あらわ》れた時、高天《たかまの》原《はら》に成ったのは天之御中主神《あめのみなかぬしのかみ》でした」（竹田恒泰『現代語古事記』学研、二〇一六年／これ以降の古事記訳文はこの書による）。最初に登場する神が、天の中心にあってすべてのものにエネルギーを注ぐ重要な役割を果たすのだが、詳しくは後述する。次に、「自然（天地）」と「神」の順番に注意をして欲しい。自然が先で次に神が現れている。自然が神も含めてすべてのものを生み出したという自然宗教（アニミズム）を説いている。自然が万物の根源なので、山の神、川の神、森の神が生み出されていく。やがてそこから、自然を畏れ、敬う大切さが説かれることになる。神道の教えである。

一方、西洋の一神教では順番が逆になる。『聖書』は「はじめに神は天と地を創造された」（「創世記」）から始まる。神が自然を創造し、人も創造する。人と自然が対等なので人間の都合で自然を改良しても良いことになる。自然保護が叫ばれて久しいが、根底の自然観を修正しなければ自然破壊は進むことになる。日本と西洋の宗教観は、ある意味対照的である。哲学的に言うと、一神教と多神教ということだが、多神教では誤解を生みやすいと思っている。自然宗教で良いだろう。

なぜ対照的な宗教観となったのか。狩猟民族・遊牧民族と農耕民族の生活形態の違い、さらには「自然の厳しさ」の違いから派生している。遊牧民族は、羊、牛、山羊といった家畜を確保さえしていれば自分たちの生活がある程度成り立つ。そのためどうしても、一神教になりがちである。

ところが、農耕民族の場合は何か一つという訳にはいかない。作物を収穫するためには、多くの自然の恵みが必要である。太陽そのものが神、そして山や川など周りの自然がすべて神であり、それらの神々に包摂されて暮らしていると考えるようになる。自ずと多神教、自然宗教になっていったのだろう。実際に、農耕民族にとって自然環境、社会環境、人力を含めてすべて必要である。それらに感謝と祈りを捧げる場所が神社であり、地域の人々が集まる場所として整備され、年の節目には神を讃える祭りが執り行われることになる。

「自然の厳しさ」については大陸の方が厳しい。日本の場合は四季があるため、厳しさと言ってもひと時で終わる。大陸の彼らにとって自然に身を委ねることは時には死を意味する。そのため、どうしても自然に打ち勝つ強い神を創造する必要があったのであろう。自然宗教が生まれる余地はなかったと考えられる。

話を最初に戻す。天之御中主神に続いて、高御産巣日神《たかみむすひのかみ》と神産巣日神《かみむすひのかみ》が登場して重要な三柱《みはしら》の神が揃う。この三柱の神について、序文で「参神造化の首《はじめ》と作《な》り」と、モノの生成に関わる神だと言っている。「参神」は三神と同義。『日本書紀』の三神とは名が違う。だから余計に重要である。中国に本当の意味を知られたくないからである。

造化三神のうち天之御中主は天地あまねく一切のエネルギーを発している存在であり、他の二神がそれを受けて個々の働きをすることによって様々なモノを生み出す役割を果たす。なぜ、三神が必要なのか。一人の神が創造すれば良いのではと思うかもしれない。哲学的、物理的に重要なテーマである。三神だからこそ多様性が生まれるし、「三」を見出した先人の先見性・卓越性に驚いている。その辺りについては本文を読み進めれば納得してもらえるだろう。

『日本書紀』も最初は天地開闢《かいびゃく》の話からスタートしているが、そこに本当のことを書くつもりはない、というのが天武の意志である。主な違いは、『日本書紀』には天地開闢の話がいくつか載っていることと、神ではなく尊《みこと》を使っていることであるが、あくまでもカムフラージュだと思っているので、神の字は畏れ多くて使えなかったのであろう。天地開闢の話が両者で微妙に違うため、その違いを一生懸命書いている本もあるが、ほとんど無意味な作業である。

イザナキ、イザナミで陰陽の原理を説明

天之御中主以外の二神の具体的な働きについては、イザナキとイザナミを登場させて彼らに国生みの仕事をさせることによって分かる仕組みになっている。タカムスヒとカミムスヒ、後ろ三文字が同じである。イザナキとイザナミは前三文字が同じである。ここで両者は陽と陰で違うが、全く違う訳ではない、ほ

んの少しの違いということを言っている。全く違ったものは引き合わない、ほんの少しの違いだから引き合うのである。それは生物を考えれば分かるだろう。

ただ、すべてが引き合う訳ではない。その違いがなぜ発生するのかということだが、宇宙に満遍なく溢れているエネルギー、つまり天之御中主のエネルギーが届くか否かの違いと考えたのである。それをイザナキとイザナミの二柱の「結婚」の場面を使って説明している。つまり、ここは陰陽の原理と生成の原理を説く場面である。

実は、江戸時代初期の儒学者の山鹿素行（一六二二～一六八五）は『古事記』がイザナキとイザナミを使って陰陽の原理を説明していることを見抜いて、それを自著の『中朝事実』の中で指摘している。『日本書紀』の冒頭に「陰陽の別」という言葉があり、それを『古事記』ではどこで説明しているのかという問題意識から発見したのだと思われる。

イザナキとイザナミが「出っ張った部分とへこんだ部分」という「意味深な」会話の後に二人が御柱を回る場面がある。回転によってエネルギーが発生する原理を説明している。実は、ここがある意味『古事記』の中で最も重要な場面である。ここから、陽を＋、陰を－と表記して説明したいと思う。

右回転したのがイザナキで＋、左回転したのがイザナミで－である。どちらに回転したかで＋、－が分かる仕掛けになっている。そしてエネルギーを出すのは＋エネルギーである。そして、そこから造化三神の「タカムスヒ」と「カミムスヒ」がそれぞれ「＋」と「－」のエネルギーを表していることが分かる仕組みになっている。

「アルペールの右ネジの法則」（【図2】）というものがある。アンドレ＝マリ・アンペール（一七七五～一八三六）が発見した法則であるが、図のように右ネジの方向にエネルギーが発生する。科学的に証明されている。

【図2】

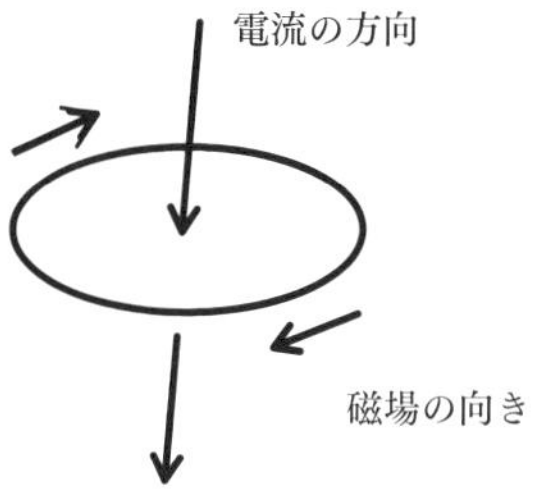

「意味深な」セリフを言わせたのは、重要な原理を説く場面なので、わざと気を逸らせるようなセリフを散りばめて、はぐらかそうと思ったからであろう。性交をして国づくりをしたとか、最初の性交の記録と書いている本もあるが、国家の重要機密文書にそんなことを書く訳がない。中国に重要な原理を知らせたくない、それ故のカモフラージュである。

この世界はあまねく空間に存在する生成のエネルギー、そして「＋」と「－」の合計三つのエネルギーによって成り立っていると言っている。例えば、我々の肉体や物質はすべて原子からできているが、その原子は＋の電気をもつ原子核と－の電気をもつ電子に分類される。原子は他の原子との関係において、電子のやりとりが行われ、それによって電気を帯びることになる。H_2とO、NaとClというように＋と－が反応するが、すべて反応する訳ではない。天之御中主からのエネルギーが入った時にだけ、つまり生成のエネルギーが加わった時にだけ反応する。実際に酸素、水素という状態で空気中に浮遊することもある。男と女も＋と－であるが、すべてが反応する訳ではない。それから、＋と＋、－と－は反応しない。ある意味不思議だが、それが宇宙の原理である。この原理に抗うことはできない。

哲学者ヘーゲル（一七七〇～一八三一）が説く弁証法は、「正」と「反」の矛盾が質的に異なる「合」を生み出し、それを背後から動かす力を「世界精神」とするものである。ヘーゲルは単純な足し算で説明が付かない生成のダイナミズムに神の働きを見たのである。用語は違うが、生成の考え方は同じであるし、陰陽の原理を踏まえたものとなっている。というか、ヘーゲル弁証法は陰陽の原理の焼き直しだと思っている。正と反がイザナキとイザナミであり、世界精神が天之御中主である。

ところで、プラスとマイナスのエネルギーがそれぞれあり、合体する場合、現状のまま留まる場合、そして同じ種類同士反発する場合というように三様に分かれる。「宇宙という書物は数学の言葉で書かれている」と喝破したのは、天文学者のガリレオ（一五六四～一六四二）であるが、「三」がキーナンバーであることは間違いない。ただ、それらは同じ方向に向いているのではない。+と−の相異なる力があり、その双方に中立的なエネルギーが働いている。そのため、この世界は波動として現れることになる。人間の脳波、脈拍、株価や商品市況、海や湖の波など生きて活動しているものにはすべて波がある。それは三つの力、つまり「造化参神」が働いている証拠である。例えば、鳥は頭から発する指令を受けて、二つの翼で空を飛ぶ。宇宙の「基本形」がそこにある。人間も同じ。二つの翼にあたるものが、肉体と精神。それを統合するものが魂（理性）。空は飛べないが、想像の空間を自由に飛び回ることができる。

天之御中主のエネルギーが宇宙のあらゆるところに満遍なく行き渡っているのだが、意志はない。そういう神なので、天之御中主の登場する場面はここだけであるが、いなくなった訳ではない。遠くから常にエネルギーを送っている極めて重要な存在である。たった一度の登場のため、ほとんどの解説本が気にも留めていないが、この天之御中主の役割を「表面的」な部分で果たすのが天照大神（以下「アマテラス」）である。天之御中主が陽でアマテラスが陰の関係となる。この両者と天皇に共通するのが「天」である。天命、天職、天気というように、天は法則を意味している。恣意的な統治ではなく、原理を踏まえた統治をしてほしい。その願いを天皇という名称に込めている。

「ヒルコ」――順番の大切さを教える

イザナキとイザナミを使って陰陽の原理を説明した後、次が声掛けの場面となる。順番を間違えると上手くいかないことを「ヒルコ」を使って説く場面である。＋と－、何でも掛け合わせれば良いというものではなく、順番があるということである。

イザナミが先に声を掛けて出来たのがヒルコ（失敗作）で、イザナキが先に声を掛けると上手くいったと書かれている。女からの声かけはダメとか、近親相姦を戒めているという書いている本もあるが、そういうレベルの低い話ではなく、陽（+）があって陰（-）なので、その順番を間違えると天之御中主からのエネルギーが充分に届かず、上手くいかないと言っているのである。

先に紹介した山鹿素行も「陰陽唱和の道、つまり、陰陽の順序、秩序のあり方は、天地の真実の核心である」（傍点筆者、『中朝事実』）として、その順序が社会秩序を形づくり、順番そのものが天の原理であるとしている。素行は回転の意味を示した上で、陰陽の原理を皇統と結びつけて説いている。陽は皇統、陰は社会、家族のあり方と捉え、まずは考えるべきは前者であり、このように陰陽の原理は、物理現象だけではなく、社会の様々な分野に当てはめて考えることができるとしている。その順番を間違えると「蛭兒《ひるこ》を生む」、つまり国の行方は不安定なものになるとしている。現実社会でも、手順や段取りの順番を間違えて失敗することがある。理屈は同じである。

そして、気を付けなければいけないのは、陰が表に出てくる傾向があるため、本質の陽が隠れがちになることである。陽陰ではなく、陰陽と言うのは、そのためである。人間自体も陰と陽で成り立っている。身体が陰で、人格が陽である。陽が本質であるが外からは見えない。法律の条文が陰で、それを支える制度が陽となる。法律をつくれば万事解決すると思っている人がいるが、それに併せて制度をつくらなければ意味がない。新教育基本法を二〇〇六年に制定したが、現場の状況は決して改善には向かっていないのはそのためである。核兵器廃絶条約は陰なので、締結したからと言って核兵器はなくならない。陽である廃絶に向けてのシステムをつくらなければ現実は動かない。陽を手当てしないまま陰だけを考えても上手くいかない、つまりヒルコということである。一時期、自治基本条例を制定するのが流行ったが、これは陰の先行である。これもヒルコである。このように陽と陰の順番を逆にしたり、陽を考えなかったり、あるいは後回しにしたりして結局失敗してしまうことが多い。そんなこともあり、「ヒルコ」のエピソードを挿入したのである。(この「ヒルコ」については、第六章以降でも登場することになる)。

次に、男女の二神が協力して島々を産み出していく「国生み」の話がある。淡路島を一番最初につくる。『日本書紀』とは違うので、ここも重要な意味が含まれている可能性が高い。「淡」を分解すると「氵」と「炎」になり、「水」と「火」に分解できる。「万物の根源は水である」、「万物の根源は火である」というギリシアの自然科学者の言葉が遺っているが、水は生命の保持に欠くことができないし、モノが燃えた灰の中から新しい生命が生まれる。基礎、根源という意味を淡路島に込めているのである。

つまり、国づくりにとって大事なことは、根源的なものから出発されたしというメッセージである。日本の民族がその歴史の中で培った伝統や文化、価値観といったものから出発して考えることが重要ということである。ある意味当たり前かもしれないが、大きな変革後に前の時代を全面否定することがフランスやロシア、明治期の日本で見受けられた。日本人は外から来るものに弱く、極端から極端に走ることがある。現代においてこそ噛みしめなければいけない重要なメッセージである。

中心軸を定めた後は、陰陽の原理に則って組織づくりをしなければならない。そのことをイザナキとイザナミが天の浮橋から矛を使ってコオロコオロと海水をかき回すシーンを使って説明している。二人の協力の意味は、二つのエネルギーをいかにバランスよく配するかが大事と言っている。そして、コオロコオロというのは、南北の交じり合いを表現している。それを象徴的に表した漢字がやはり「淡」である。南は易学で言うと「火」で陽、北は「水」で陰となり、陽と陰が交じり合って一つの国になったと言っている。具体的には、渡来人と本国人との融合を指していると思われる。白村江の戦い以降、多くの亡命百済人が来ている。そして、その厚遇が噂となって、新羅や高句麗の人達も来るようになる。渡来人たちが持ち込んだものとして機織り、漆塗り、建築技術などがあったが、当時の日本にとってありがたい技術であった。

二〇〇〇年以上の時空間を超えての交流

造化三神の後、四柱の神々が登場する。宇摩志阿斯訶備比古遅神《うましあしかびひこじのかみ》、天之常立神《あまのとこたちのかみ》、国之常立神《くにのとこたちのかみ》、豊雲野神《とよくものかみ》。これらの神々は現れて、すぐに姿を隠してしまった、と書かれている。これらは宇宙に存在する「四つの力」(重力、電磁気力、強い力、弱い力)であろう。

ただ、こう書くと、なぜ現代物理学が到達したレベルのことを古代人が知り得たのかと疑問に思う方がいるかもしれないので、「四つの力」の話題の前にその辺りのことに触れておく。

実は、量子物理学という新しい学問が成立するなど、現代物理学が大いに発展したのはこの百年位のことである。実際に十九世紀の物理学者のマッハが「原子など存在しない」と言っていたくらいである。その物理学の新しい地平を切り開いたと言われるのがアインシュタイン（一八七九〜一九五五）である。時間も空間も歪むことを明らかにし、従来の常識を破る相対性理論を提唱した。彼の時代の常識はニュートン力学であったので、彼が参考にしたのは古代ギリシア哲学であった。理論物理学者のカルロ・ロヴェッリは「世界を理解するうえで役に立つことが分かった考え方の多くは、二十世紀以上も前の時代に芽生えている」「空間の構造をめぐる最新の考え方の一部は、古代に提示された概念や疑問を参照している」（カルロ・ロヴェッリ『物理学講義』河出書房新社、二〇一七年）と言っている。

そんなアインシュタインが特に注目したのが、原子論を説いた古代ギリシアのデモクリトスの思想であったと言われる。「十八世紀に花開く啓蒙主義の最良の部分を、二千年も前に先取りしている」（カルロ　前掲書）とも言われている人物である。なぜ、二千年も離れた人の思想が参考になるのか。両者に共通していたのが理論的思索だからである。アインシュタインは何か実験をしたり、データをとったりして特殊相対性理論を導き出した訳ではない。理論を発表した時の彼は特許局の二十六歳の青年職員であった。仕事を終えた後、自室の机の上で思索を積み重ねた末の成果である。すべて頭の中の作業という点では、デモクリトスも同じである。二〇〇〇年前も今も人間の知的能力は変わらない。であれば、時空間を超えての対話が可能となるはずである。

一体、どういう思考を重ねれば原子の発見に至るのか。ここに十センチメートルのひもがあるとして、それを二分の一、さらに二分の一、二分の一と何回も続けて頭の中で切っていく。果てしなく切っていくと最後にどうしても半分に切れないものが残る。それを原子（アトム）と名付けたのである。最後の最後まで切っていけば無になるのではないかと思うかもしれないが、有を無限に切り刻んだとしても無にはならない。無を無限に積み重ねても無だからだ。そして今度は、そのようにして最後に残った原子を今度は重ねていく。つまり、今とは逆の作業をする。二倍ずつ増やしていく。そうすると、元の十センチメートルのひもに戻るはずである。これで、ひもは原子によって構成されていることが分かる。ということは、二つに割ることができるものすべてが原子で構成されているはずである。

彼の原子論が、現代物理学とどのように噛み合うのだろうか――ここに水が入ったコップがある。コップの水を全部飲んでしまった。コップの中の空間には何が残るのか。ニュートンは空の状態と言うが、デモクリトスは〈非−存在〉と表現する。少し分かりにくいが、見た目は空だが原子がコップの中に存在すると考えるのである。原子は確かにあるのだろうが、人間の目には小さすぎて見えないだけと捉えるのである。

すべてを原子の集散物と捉えるデモクリトスに対してプラトンが批判をする。コップの中の空間は説明がつくとして、人間や動物など形あるものがどうして存在し得るのか。原子だけでは説明がつかないのではないか。別の何かが働いて形がつくられると考えるべきだという批判である。バラバラのレゴブロックが時間の流れの中で勝手に一つの形になったり、崩れたりするようなものである。何か別の力が働くからレゴブロックが様々な形となる。レゴブロックしかないと言ったのがデモクリトスの唯物論である。唯物論の欠点は、こういった一元的思考にある。プラトンは別次元において、何か魂的なものを考えないと生命現象の説明がつかないということから、イデア世界を考えるようになる（プラトンの二元論）。

実はこの項目を書くにあたって、多くをカルロ・ロヴェッリの書に負っている。この書は最先端の物理学理論の解説書であるが、驚くことにそこに古代ギリシアの哲学者が度々登場する。この世界は一体何なのか、夜空の向こうに何があるのか、自分たち人間は何者でどこから来たのか等といった問題に対して、常識に捉われず自由に想像の翼を広げていったと思われる。そういった古代人の直感が物事の本質を捉えることがあるということである。

ただ、こういった思索を日本の中の誰かがしていても不思議ではない。先のヒモを例にすると、切り始めた頃は見えるが見えなくなる瞬間があるはずである。さらに作業を継続すれば原子に到達する。ということは、見えるものと見えないものが連続しているということ、言葉を換えれば見えるものと見えないものが背中合わせになっていて、二つで一つのものを生み出している世界と捉えることができる。それを陰と陽という言葉で表現をするようになる。見える世界と見えない世界、言葉を換えればマクロとミクロの世界。延長線上にあるので、ミクロの世界にも陰と陽、二つの原理が働いているはず。2+2=「4つの力」、という考えに至ったとしても不思議ではない。

この後、カタカムナ文字の話題が出て来るのだが、工学博士深野一幸氏によるとカタカムナを操っていた人たちは「宇宙の構成材料は一種類でそれは超微粒子である」(『超科学書「カタカムナ」の謎』廣済堂、一九九三年)との世界観をもっていたとのこと。声も超微粒子であり、一つひとつの音が微粒子同士お互いに干渉し合うように、現実に影響を与えるという言霊《ことだま》の考え方をもっていたようだ。そのため、一つの音や一つの言葉を大切にするようになっていく。

日本は世界でも珍しい母音文化の国であるが、それは原日本人の形成と関係が深いと思っている。大陸と地続きの時代もあった。南から北から様々な血統の人たちが列島に移住してきた。コミュニケーションを図る必要性から、鳥のように一つの鳴き声に意味を込めることを考えたと思われる。子音に比べて、母音は息を吐き出すだけで発音ができて簡単である。その上で、一つひとつの音に意味を込めることを考えたのであろう。母音は聞き取りも容易なので、音の意味さえ知っていれば簡単にコミュニケーションをとることが出来る。

現在はひらがな、カタカナが表音文字、漢字が表意文字というように使い分けているが、一万年位前の縄文時代の始めの頃は一つの音を○、□、△、|といった記号で表し、それを組み合わせることによって様々な意味を表そうとしたようである。それをカタカムナ文字と呼んでいる。そのカタカムナ文字が元となってヤマト文字になっていったと思われ、一つひとつの音の意味を探る研究が現在も行われている。『古事記』の中の言葉で漢字が不自然なものは、ヤ

マト言葉で書かれていると考えられるのでカタカムナ文字学によって意味を探ることが出来ると思われる。この後、その成果を借りる箇所がいくつかある。

自然界を支配する「四つの力」

近年の量子物理学の成果により、この世界には四つの力――重力、電磁気力、強い力、弱い力――があることが明らかになった。重力と電磁気力については我々の身近に働いているということもあって十九世紀までにその存在が明らかになった。二十世紀になり、原子の原子核内に存在する力として、強い力と弱い力の存在が明らかになる。

重力は引力として働くものであり、その法則はニュートンによって明らかにされた。電磁気力は電力と磁力のことで、電化製品を動かしたり、静電気や磁石の力として現れたりするなど日常生活の中で重力以外のすべての力を指す。強い力とは「クォークどうしを結びつけ、核子をつくっている力」（白石拓『宇宙論・入門』宝島社、二〇一二年）であり、弱い力は「中性子を崩壊させ、陽子＋電子＋反電子ニュートリノに崩壊させる力」（同）である。アバウトに言うと、前二者がマクロ世界、後二者がミクロ世界で働く力である。

『古事記』ではそれぞれどのように表記しているか。カタカムナ文字学の成果を踏まえて解読してみたい。なお、この解読にあたっては吉野信子氏の『カタカムナ言霊の超法則』（徳間書店、二〇一五年）を参考にした。

四柱の神々のうちの一つの豊雲野神《とよくものかみ》をカタカムナ文字学の考え方によって、一つひとつの言葉に分解してみる。ト→統合、ヨ→陽、ク→引き寄せ、モ→漂う、ノ→時間をかける。これらをまとめると、漂っているモノを引き寄せ、時間をかけて統合する陽の力という意味となる。これは重力のことを言っていると思われる。

次に宇摩志阿斯訶備比古遅神《うましあしかびひこじのかみ》であるが、神様の名前が不自然に長すぎる。この中にメッセージを入れている可能性が高いので、これも一つひとつの言葉に分解する。ウ→生まれでる、マ→受容、シ→示す、現象、ア→命、感じる、シ(ジ)→死、カ→力、ビヒ→根源からの出入り、コ→転がり。これらをまとめると、生命の誕生や死に関わったり、物理的な現象に関わったり、それが広い範囲にわたって影響を及ぼす力という意味となり、これは電磁気力のことを言っていると思われる。

【図3】

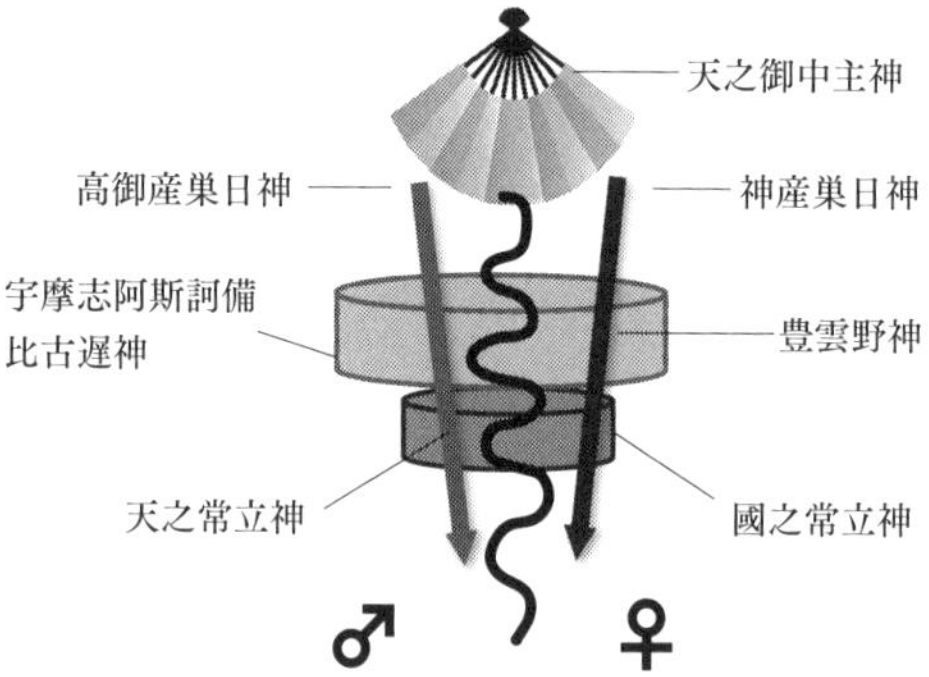

著者作成

天之《あまの》常立神、国之《くにの》常立神に共通するのは、後ろのトコタチなので、これを分解してみる。ト→統合、コ→転がり、出入、タ→分離、チ→凝縮である。四神の中で、「チ（凝縮）」を使っているのはこの二神なので、二神は強い力と弱い力を想定していると思われる。

天之常立神、国之常立神の「違い」は「アマ」と「クニ」であるが、「アマ」は生命、受容の意であり、「クニ」は圧力、引き寄せの意なので、天之常立神が弱い力、国之常立神が強い力を表わしていると思われる。

そしてこれらの神々はすべて、男神、女神の区別がない独神《ひとりがみ》なので、それぞれのテリトリーが違う。そして、この「四つの力」は天之御中主神に包摂されているので、そういう意味では一体である。【図3】はイメージをもってもらおうと思い、作ったオリジナルの図である。天之御中主のエネルギーがミクロ、マクロ両方の世界に及んでいることを確認して欲しい。

実際にその辺りについては、量子物理学からのアプローチがなされているが、ニュートンが打ち立てた古典力学が素粒子の世界には通用しないことが分かった段階であり、「ミクロの世界を支配する基本法則を、全力を挙げて解明しようとして」（村山斉『宇宙は何で出来ているか』幻冬舎新書、二〇一〇年）いる段階とのことである。

ところで量子物理学が明らかにしてきたミクロの世界においても、「三つのエネルギー原則」が成り立つ。例えば、宇宙誕生から一分後にできた元素は原子番号一から三までの元素（水素、ヘリウム、リチウム）であるし、原子はすべて陽子、中性子、電子の三種類でできていることが分かっている。そして原子核を構成する陽子と中性子は、さらに細分化できることが分かった。陽子は二つのアップクオークと一つのダウンクオークに、中性子は一つのダウンクオークと二つのアップクオークより成っていることまで突き止められている。

そして、すべての粒子にはプラス、マイナス逆の反粒子が存在し、粒子で出来上がった物質と反粒子で出来上がった反物質同士が反応して、エネルギーを発することも分かっている。実験室ではすでに「反水素」がつくられている、とのことである。ここにも陰陽の原理が貫かれている。

ビッグバン直後の宇宙を描く

イザナキが亡き妻のイザナミを追いかけて黄泉《よみ》の国に行き、そこで再会を果たし、イザナキは葦原中国《あしはらのなかつくに》、つまり現実世界に戻ろうと誘う。イザナミは戻ることを黄泉の神々と相談するので待ってて欲しいと言う。ところが、いつまで経っても戻らないので、痺《しび》れを切らしたイザナキが一人御殿の中に入り、そこで腐敗して「ウジ」だらけの変わり果てたイザナミの姿を見てしまう。

ところで「ウジ」であるが、原文をみると「宇士多加礼許呂々岐弖《うしたかれころろきて》」と音仮名で表記されている。これも不自然に長いので、何らかのメッセージが入っているのではないかと思われる。この「宇士」を「ウジ」と強引に解釈してはいけないと思っている。「宇士」はそのまま「ウシ」と読み、ここもやはり古代カタカムナ文字学の成果に学ぶことにする。

「ウシタカレコロロキテ」を一音ごとに分解する。「ウ」↓異次元世界から現実世界に現れる。「シ」↓示されたもの。「タ」↓微少、「カ」↓巨大、「タカ」↓で大きなものから小さなものまで、という意味となる。「レ」↓等々、「コ」↓九次元、「ロ」↓空間、「キ」↓気、エネルギー、「テ」↓放射。すべて合わせると、異次元世界にあったものが、現実世界に小さなものから大きなものまでいろいろと溢れ出したと書いてある。陰と陽のエネルギー、それぞれ別々のものが一つに混じり合う瞬間、つまりビッグバンを説明していると思われる。

ビッグバンの学説が発表された時は嘲笑の的だったそうだ。揶揄《やゆ》して付けられたネーミングであるが、今や科学的な定説になっている。これも理論的思索を重ねた末に辿り着いた結論だったので、古代人が宇宙の成り立ちについて思索を重ねて辿り着いたとしても不思議ではないだろう。ただ、そのメカニズムも含めて、それ以前の状態が全く分かっていない。

有から有が生まれたのか、無から有が生まれたのかという論争がある。いずれも説明において何らかの難があるが、『古事記』の宇宙観はその両方とも違うと言っている。そもそも陰陽が説く－は無ではない。その上で、あらゆる次元の－と＋が合わさったと言っている。その時に巨大なエネルギーが発生している。これがビッグバンであろうと。それを「ウシタカレコロロキテ」と表現していると思われる。この辺りについては専門家の検証を期待したいところである。

次にイザナミの体には雷神《いかづちのかみ》が成り出でて、イザナキを襲い始める。イザナミの体の雷神はエネルギーを表わし、さらに頭から陰部にかけての中心線に沿って四つの雷《いかづち》、それを挟んで手足左右対称に2組の雷がいたと書かれているが、四つの雷は自然界で働く「四つの力」を表わしている（【図3】参照）。目に見えるマクロの世界に働く重力と電磁気力、ミクロの世界に働く強い力と弱い力。以上、四つの力を示し、手足左右対称に二組の雷は、素粒子が四種類あることを言っている。そして、エネルギーがあるものは必ず対称性を持つ。プラスとマイナス、物質と反物質、ここにも陰陽の原理が貫かれている。

この場面は、ビッグバン直後の状況を象徴的に描いた場面であろう。ビッグバンについては、その証拠のマイクロ波の「異方性」（ムラ）の発見（一九六五年）により、実際に約百四十億年前にあったことが科学的に証明されたとのことであるが、その瞬間に大量に生み出された物質と反物質どうしが反応している。「反物質は物質に触れた瞬間に消滅する」（村山斉『宇宙は何でできているのか』幻冬舎新書、二〇一〇年）と同時に膨大なエネルギーを放出する。物質と反物質が打ち消し合う様に反応したのである。それを追っ手の悪霊たちに追い掛けられる姿で形容したのであろう。

打ち消し合ったのだが、ビッグバンの時点で反物質よりも物質の方が十億分の二という、〝わずかな量〟だけ多かったため、現在この宇宙には、物質しか存在しないと説明されている。しかし、そのメカニズムについては分かっていない。それはともかくとして、〝わずかな量〟ということと、自然界のすべての原子は電子と陽子と中性子で成り立っていることを象徴的に示したのが、「桃の実三個」であろう。

つまり、イザナキは追っ手の悪霊から逃れようと、やっとの思いで黄泉の国と現実世界の境まで来る。それでもまだ悪霊たちは迫ってくる。その時、とっさに近くの桃の木に実っていた桃の実三個を投げる。すると、悪霊たちは退散していくのである。イザナキは自分を助けてくれた桃の木にお礼を言うと同時に、地上世界に住む人たちが〝困った時〟は助けるようにと言う。ここに「三個」の意味がある。プラスとマイナスが打ち消し合って最後に残った「三個」、これが造化三神の正体である。この世界は三つのエネルギーの組み合わせによって動いている。これがこの世界を貫く法則なので、国防や少子化など何か〝困った時〟は、この原点に帰れと言っているのである。

何とか逃げ延びたイザナキは黄泉の国と現世の道を岩で塞ぐ。岩を挟んで、イザナキとイザナミは永遠の別れの言葉を述べる。現実世界と黄泉の国、背中合わせなのに行き来ができなくなったと言っている。そして「一日千人殺す」とイザナミが言うと、イザナキは「一日千五百人生まれるように産屋を建てる」と言う。五〇〇人多い。現実世界の発展を暗示する言葉を交わして、二神は永遠の別れをする。

神話で説く宇宙と陰陽の原理

二神の永遠の別れまでが、宇宙も含めた世界の原理についての説明となる。世界の成り立ちと誕生のメカニズム、更には見えない世界との関係と構造について、様々な神の登場とイザナキ、イザナミの行動によって明らかにしてきた。

そして、その中で、生成の原理、陰陽の原理、四つの力について神話の中に組み入れて語ってきた。

これを『古事記』の冒頭にもってきたのは、勝手な思いや考えで国を治めようとしても上手くはいかない、国家も含めてあらゆる組織は宇宙の原理によって成り立っていることと、その原理に沿った態勢を作ることが安定した社会につながることを伝えようとしたからであろう。

まず中心軸を定める。そして、それをどのように考えれば良いのか。宇宙の中の存在物は生命体も組織も一つに纏《まと》まるために中心（コア）が必要である。それを、天之御中主神を登場させて説明しているのだが、そのコアは他の二つとは違う次元に配されなければいけないという主張である。そこに注意をする必要がある。つまり、単純に三つに分ければ良いということではない。

人間も宇宙の中の存在物なので、その原理によって成り立っている。人間を一つの生命体として成り立たせる上で中心的役割を果たしているものがある。理性、魂という言葉で表現することもあるが、解剖しても発見されないので、別次元に存在しているはずである。国家も同じ理屈で考えることができる。天皇は国家のコアになるために、そのような存在になられよというメッセージが組み込まれている。天之御中主のようなあり方をせよ、つまり実際には国中にエネルギーを発しているのだが、まるで「存在していないような存在」であれというのが『古事記』のメッセージである。

天武天皇までの天皇は権力闘争をしたが、これからの天皇は表舞台から降りられよ、後ろからエネルギーを発する存在になれ、それが国家を永続させる唯一の方途というのが『古事記』の大事なメッセージのうちの一つである。つまり、統治を二次元で考えるということである。一次元では対立抗争となるが、二次元ではそれがなくなる。なぜ、なくなるのか。イザナキが最後に二つの国の間を岩で塞いでしまったため、もう直接関わることはできないからだ。自ずと対立することも無くなるであろう、「造化三神」のメッセージでもある。

現実政治に深く関われば、権力闘争の渦中に巻き込まれることになる。それを回避するためには、領地やカネや地位といった俗世間の価値から離れて、大所高所からこの日本という国を見つめる存在になれば良い。そうすれば自ずと国は治まっていくという考えがそこにはある。天之御中主のような存在であれ。そこにこそ日本の国の安定がある。その願いが天皇という名称に込められている。

第三章　『古事記』神話を読み解く――その二

『古事記』は庶民が読むことを全く想定しておらず、天皇とその周辺の為政者に向けられたメッセージなので、人間臭い神々が次々と登場して、殺したり暴れたり脅したりと感情を交えてストレートに書かれているのが一つの特徴である。その方が分かりやすいという判断があるのだろう。

感情がストレートの代表格が須佐之男命《すさのおのみこと》（以下「スサノオ」）である。そのスサノオと天照大御神（以下、「アマテラス」）をイザナキが産み出して、役者が勢揃いをして物語はここから新たにスタートする。こう書くと、イザナキとイザナミは何だったのかと思う人がいるかもしれない。イザナキとイザナミは造化三神の働き、宇宙の原理などを説明するためのストーリーテラーである。

ところで、この章のキーワードが「シラス・ウシハク」である。『古事記』の中で大きな比重を占める言葉である。「シラス」が二次元統治で「ウシハク」が一次元統治である。「シラス」というのは、天之御中主のように大所高所から国を統治するという意味である。つまり、天皇が現世の欲望を捨て去ることによって初めて高い次元から国を眺めることができる。ある意味、天皇にとって過酷なメッセージになっている。天皇も人間としての欲望がそれなりにあると思われるが、それを抑えて高い次元に立てという教えだからである。それを『古事記』の中では、アマテラスが演じている。

「H_2O」の性質をスサノオで説明

黄泉の国から戻ったイザナキが体を清めるため禊《みそ》ぎをして、水で左目を洗った時にアマテラス、右目を洗った時に月読命《つくよみのみこと》、さらに鼻を水で洗った時にスサノオの三柱の神を生み出す。この三神を含めてこれまで登場した神は、モノの生成など万物に影響力をもつ自然神であるが、これ以降登場する神は先祖神となる。三神が生まれた時にイザナキが「貴き子を得たり」（傍点筆者）と、重要な神の誕生であることを示唆している。人間界に直接関わるシラス役のアマテラスとウシハク役のスサノオが誕生した。特にこれからはアマテラスが物語の中心となる。イザナキは自分の首飾りを彼女に授けて、そのことを明らかにしている。

ところでイザナキだが両目を洗うのは分かるが、鼻まで洗って何回も「水」を登場させている。この世界のカギを握る物質であることをほのめかしながら、『古事記』はここで「国づくり」の場面とは角度を変えて、陰陽と「シラス・ウシハク」の二つの原理について説明をしようと試みる。

アマテラスは陽、月読命は陰のエネルギーを表わしていることが両目と鼻の位置で分かる。その陰陽のエネルギーが合わさってスサノオが誕生する。誕生したスサノオは陽（H）と陰（O）のエネルギーによって産み出された「H_2O」（水）である。イザナキは彼に海を治めよと言っているので、そこで分かる仕組みになっている。そのスサノオはアマテラスとの関係では陰となり、月読命がいると陰が二つになってしまうので、月読命の役目をここで終わらせ、スサノオに陰の役割をバトンタッチすることになる。

水の話に戻す。水という物質は状況によってはキバを剥《む》く。『老子』の中に「柔弱謙下」という言葉がある。柔弱で一見弱そうな水だが、実は最も強いと言っている。確かに時には津波、洪水、豪雨となって、すさまじい被害をもたらす。

ウラジミール・ヴォエイコフ（モスクワ国立大学）は「水について私たちはほとんど何も知らない」と指摘する。我々の身近すぎるところに存在しているので、実は逆によく分かっていない物質だそうだ。マーティン・チャプリン（ロンドン南バンク大学）は「水のように特異な性質を持っている分子は他にない」と言い、例えば水は地球上では温度によって、個体、液体、気体とその姿形を変え、固体となった氷が液体の水に浮く、という実に不思議な性質をもっていると言う。

日本で独特の視点から水の研究に取り組んでいたのが江本勝氏であった。水の伝道師とも言われ、水の「不思議な能力」を明らかにするため、水の結晶写真を撮り続け『水からの伝言』という写真集も出版している。「水をめぐる物語は、宇宙のしくみを探る冒険でもあります。水が見せてくれる結晶は異次元空間への入り口」、「人間とは、水である……世界のすべてを解き明かすカギ」（江本勝『水は答えを知っている』サンマーク出版、二〇〇一年）とまで言っている。「$H^{2}O$」は時には分解して、様々な場所に姿形を変えて登場する。それを表すかのように、スサノオは忙しくかつ激しく動き回る。地上の日向から高天原、出雲、そして根の堅州国へと激しく動くのだが、スサノオは任された仕事をせずに泣きわめいていたために山、河、海が干上がってしまう。「水」の使い方を誤ると大変なことになる、ということを彼の行動などで知らせようとしている。

治山、治水という言葉がある様に、自然をコントロールすることは難しい。

スサノオ（「H_2O」）が暴れて、山は枯れ山となり、海や川は干上がり、暴風雨や山津波など、あらゆる災害を引き起こすことによって表現をしている。対策と使い方が重要であるというメッセージにもなっている。

戦う時は武器だけを狙え

暴れるスサノオに対してイザナキがその理由を尋ねると母のイザナミに会いたいと言う。それを聞いて、イザナキはスサノオを追放する。スサノオは母に会う前に、高天原のアマテラスに挨拶に行く。両者が相まみえる場面である。国防はいつの時代も重要課題である。その基本的な考え方を説明する場面になっている。

アマテラスは弟のスサノオに高天原を奪われるかもしれないと思い、男装をして待ち構える。わざわざ男装と書いているのは、戦うのは本来の姿ではないことを言っている。一方のスサノオは、戦う考えはないし、邪心もないと言う。そして、邪心がないことの証明として生み出した子の数で決めることになる。アマテラスは相手の剣を打ち砕いてそこから三柱の神を生み出す。もし戦いとなった場合は、相手の武器に限られるということであろう。スサノオは相手の玉から五柱の神を生み出す。そして勝手な理屈をつけてそれぞれが勝利宣言をしてしまう。これはどういう意味なのか。戦争の勝ち負けは余り意味がないと言っている。天武が白村江の戦いで得た教訓であろう。負けるが勝ちという言葉も実際にあるが、試合と同じで負けることによって得るものもあるし、勝ったもののその後暗転することもある。この場面は勝ち負けというより、生み出した神に意味がある。つまり、お互い何を得たのかが一番重要と言っている。

そして、次に何を重大な罪とするかを示す話を入れている。スサノオはますます調子に乗って高天原で大暴れをする。「H_2O」のスサノオは激しい風雨となって田畑を冠水させ、建物を破壊尽くし、神殿を糞で汚すのだが、アマテラスは咎めるどころか、彼の行動を良い方に解釈してかばう。そんなこともあり、スサノオの悪態は益々ひどくなっていく。そして、馬を機織り小屋に投げ入れ、機織りの娘が亡くなったのを見て、アマテラスは天《あめ》の石屋戸《いわやと》に引き籠ってしまう。

これは民の罪についての基準を示している場面である。基準と言っても大まかなものであるが、その後律令が制定され、「罪は天つ罪と国つ罪に区分され」（大野晋『日本人の神』河出文庫、二〇一三年）ることになる。ここで示されているように、人や家畜を殺したり、死者を冒涜したりすると「国つ罪」として裁かれることになる。「天つ罪」を犯してもアマテラスは黙認していたのだが、スサノオの乱暴狼藉が原因で機織り女が死んでしまった。それは「国つ罪」を犯したことになるので、アマテラスはショックを受けて天の岩屋戸に閉じこもってしまう。そのため高天原はもちろん、葦原中国も真っ暗になってしまう。

スサノオと対峙する場面を設定することによって、アマテラスがどのような存在なのかが分かる。アマテラスは女性神ということもあり、この場面だけではなく、すべての場面において一度も相まみえる戦いをしていない。急迫不正の事態の際は戦闘態勢をとっても構わないが、攻撃対象は相手の武器に限られる。それ以外は太陽の如くに微笑むだけである。天皇もそのように国を導かれよ、というメッセージがそこには入っている。九条を世界遺産にと言う人がいるが、そのはるか昔に『古事記』は不戦を謳っていたのである。

天の石屋戸の場面を設定した二つの理由

アマテラスが閉じこもり世界は真っ暗闇となった。何をしたら良いか誰も分からない時がある。自然災害も含めて緊急事態が起きた場合は、どうすれば良いのか。天《あめ》の石屋戸《いわやと》の場面は対処方法を示しつつ、皇室と有力豪族との契りを交わすための場面となっている。

対処方法が書かれている。「八百万の神（大勢の神々）は困りに困り、天の安の河原に集まって、いろいろと考えを巡らせました」――とにかく、話し合えというメッセージである。ただ、必ずその中にモノの道理を理解した人を入れて、決断者を入れろと言っている。知恵の神の思金神《おもいかねのかみ》と相談する場面がある。何でも集まって話し合えば良い訳ではない。皆で話し合っても名案が出るとは限らない。「会議は踊る」という言葉もある。イデオロギー的に洗脳されることもある。必ず、違う角度から物事を考える人間を入れろというメッセージである。

知恵者を入れて相談した結論は「祭り」だった。「祭り」が上手くいくためには、チームワーク良く多くの神々が協力することが必要である。つまり、目標に向かって心を一つにすることが一番重要と言っている。国や会社、組織をまとめる上で大事なことである。次に、神々の役割分担をする。生産担当者、祭りを盛り上げる担当者、石屋戸を開ける担当者を決める。大体、どの仕事も三つに分けるとバランス良くいく場合が多い。モノをつくり、その特徴をアピールして、最後にその商品を開発するか、売り出すか、そしてそれらを取り纏《まと》めて決断する人が必要である。石屋戸を開けるのが決断者である。一番重要な役割なので、俯瞰《ふかん》力のある人間を配する必要がある。それぞれの役割を見事果たせば、難題を乗り切り、新たな力を個々人が得ることになる。

そして、この時に生産担当者によって、「三種の神器」のうちの鏡と玉が作られている。この場面が、豪族との契りの重要な場面であることを示している。石屋戸の前で祝詞を奏上したのは天児屋命《あめのこやのみこと》であり、中臣（のちの藤原）氏の祖神である。太占《ふとまに》を行った布刀玉命《ふとだまのみこと》は、忌部（齋部）氏の祖であるというように重要な氏族との契りを交わす記述になっている。

実は、アマテラスとスサノオが神を生み出した場面も、そのような意図からの記述となっている。多くの国造（地方豪族）、県主《あがたぬし》（直轄領や要地を治めていたトップの人間）、部（朝廷や豪族に従属した生産・職能集団）を登場させ、それぞれがどの神との繋がりなのかを具体的に示している。このように、物語の中でさり気なく天皇家所縁《ゆかり》の神々と豪族の祖神を結び付けており、「古事記独自の記載氏族数は百四十五氏にのぼる」（梅原猛『葬られた王朝』新潮社、二〇一〇年）とのことである。

これはどういう意味があるのか。簡単に言えば、豪族の反乱防止と地域振興のためである。それぞれの豪族がどの神と繋がっているかを『古事記』という公式文書で明らかにすれば、その豪族たちは自分の姓にプライドを持つことができるし、その神を祭っている神社や地域を守ろうとするだろう。天皇家としてみれば、統治において豪族たちの協力が必要である。そのためには、彼らの先祖に関わる神がアマテラスやスサノオによって編み出され、縁続きであることを示すことが重要なのである。法や力ではなく、縁を結ぶことによって安定した世を築きたいと考えたのである。

統治のため豪族の氏神と繋がる

豪族の氏神を物語の中に入れ、天皇家との繋がりを明らかにし、ひいては豪族たちに忠誠を誓わせようとするアイディアは一体どこから仕入れたのだろうか。実は、『日本書紀』の中に数千の蝦夷《えみし》の反乱の話（五八一年）がある。蝦夷というのは、野蛮な民という意味であるが、当時の東北地方は中央政界の力が及んでいない未開の地だったのである。

敏達天皇が反乱を鎮めた後、その責任者である蝦夷の首領の綾糟《あやかす》に、前例にならって許すものは許すが殺す者は殺すと言うと、綾糟は初瀬川の中ほどまで足を踏み入れ三輪山に向かって、子々孫々まで天皇への忠誠を誓う。三輪山には崇神天皇の時に大物主神が祭られているが、その天皇の祖神に誓いをし、もし破るようなことがあれば天地の神と天皇の霊《みたま》が我々の子孫を根絶やしにするだろうと言ったという話が載っている。実は、この話の中に人間の行動をコントロールする秘訣がある。

一般的に人間の行動をコントロールする方法は大きく分けて三つある。一つは、力によるコントロール。物理的な力や法など権力を使ってコントロールする方法である。二つ目は、イデオロギーによるコントロール。別名、マインドコントロールと言われるものだが、コントロールをするためには「限られた集団」か「限られた空間」をつくる必要がある。三つ目は、内からの信仰心・宗教心によるコントロール。一つ目は、力が無くなった途端に治安が悪化する可能性がある。二つ目は、広く社会を治めるための手段としては不適切である。それらは他律的なものなので、自律的な社会形成を期待する場合は三番目、つまり宗教心の醸成を考える必要がある。

コントロールという言葉の響きが余り良くないが、本来は自分自身の信じるところに従って行動でき、それが社会的に評価されるようであれば問題はない。つまり自律的にコントロールできれば良いのだが、すべての人間がそのように振る舞うことはできない。そのため宗教心や信仰心の力を借りて彼らの邪心をコントロールして正しく生活できるように導くことになる。警察も刑務所もない時代である。そういう時代にあって、治安を維持するためには、先祖の霊を敬うという彼らの宗教心を利用するのが有効と考えるに至ったのであろう。

当時の朝廷にとって、蝦夷の統治は政治的に重要課題であった。首領の綾糟がいみじくも天地の神と天皇の霊に誓いを立てている。これだと思ったであろう。自分の祖先の霊を祀るだけでは期待する行動をしない場合がある。反乱、革命を遺言として遺す祖先もいるからだ。各家庭の祖先神と天皇の霊、そしてそれを天地の神に結びつけることによって初めて安寧秩序が保たれると思ったのである。言葉を換えれば、宗教ネットワークの構築である。その標《しるし》が各地の神社である。

『古事記』には、各地域の豪族や神社に所縁がある神々を登場させ、その神々とアマテラスやスサノオといった神との繋がりを描いた場面がいくつかあるが、すべてそのような計算の上で行われている。地方をどう治めるか。ヤマト政権にとって重要なテーマだったことが分かる。「地方豪族の中央権力に対する抵抗は、少なくとも『日本書紀』にみる限り、天武朝以降全く窺い知ることができない」（早川庄八『天皇と古代国家』講談社学術文庫、二〇〇〇年）というように、実証的に確認されている。神社ネットワークが功を奏したということであろう。

食料として適切なものを示す

高天原を追放されたスサノオは自らの罪を償うため、神々に食物を捧げようと考え、その食物を大気都比売神《おおげつひめのかみ》に求める。すると、鼻、口、尻から食料を取り出して調理をし、それを差し出すが、スサノオは穢れたものを出されたと思い、彼女を切り殺してしまう。その後、殺された彼女の死体の各部所から食べ物が生えてくる。蚕、稲、粟《あわ》、小豆《あずき》、麦、大豆が生え、それらをカミムスヒの神が拾い上げ、地上に授ける。カミムスヒは造化三神の一柱で、生み出す力をもった神である。

この場面は、穀物の生育にも神の力が及び、陰陽の原理が貫かれていることを示唆しながら、何が食べられるかを示す場面である。尻から食料を取り出す記述があるのは、人間の糞も穀物の肥料となることを言っているのであろう。

今でこそ何が食材として適しているのかは当たり前の様に分かっているが、かつての時代は食べて良いもの悪いもの、全く分からず手探りの状態であったと思われる。キノコの中には毒キノコもある。ある意味、命懸けでその適否を求めたこともあるだろう。

これと同じような場面が実は前にある。イザナキが亡き妻のイザナミを追いかけて黄泉《よみ》の国に行くという話のところで、襲われたイザナキが身に付けているものを次々と投げると、それらが葡萄や筍などの食べ物に変わるが、追っ手はそれらを食べてしまい、追及の手を緩めないという場面がある。葡萄や筍も食べられると言っている。竹は食べられないが、筍は食べられる。字を見れば、旬のうちは食べることが出来ると書いてある。

天孫降臨の際にニニギノに付き従ったアメノウズメが、ヒレの大きな魚から小さな魚まで集めて「お前たちは天つ神御子に仕えるか」と聞くと、魚たちは皆仕えるという返事。つまり、ヒレがある魚はすべて人間が食べても問題はないと言っている。魚の中には、ヒラメやカレイ、アンコウといった少しグロテスクな魚もいる。彼らもヒレがあるので食べられるということである。

その時に、海鼠《なまこ》だけが返事をしなかったので、アメノウズメがその口を切り裂いたとある。漢字（海の鼠《ねずみ》）を見ると、当初は食べられると思わなかったのだろう。しかし、切り裂いたので問題なく食べられるようになったと書かれている。ナマコを見た時に、誰もが食べられるとは思わない。だからこその記述であろう。

出雲神話は皇統ネットワークに入った話——国譲りはなかった

天武が『古事記』編纂を決意した一番の理由は、「シラス・ウシハク」ではなかったかと思っている。これらの言葉と共に意味を後世に伝えたい、彼の切実な思いが伝わるような場面設定がいくつかなされているからだ。『古事記』の出雲神話は全体の約三分の一を占めており分量を考えても、そこに重要なメッセージが入っていると推測できる。大国主神の話の中で「シラス」を三回、そして、そのすぐ後の天孫降臨の中で二回、全部で五回使っている。大事な言葉なので何回も使っている。『日本書紀』に出雲神話を載せていないのは、載せなければ「シラス・ウシハク」を使わなくても済むからである。中国に知らせたくないという思いが、そうさせたのであろう。

「シラス」は治らす、知らすとも書き、「ウシハク」は、領くと書く。「シラス」は力ではなく、威光や権威によって治めるという意味であり、「ウシハク」は力で治める、つまり現実的な統治の意味である。「シラス」が少し分かりにくい。そんなこともあり、『古事記』はいくつかの場面でアマテラスにこの言葉を言わせている。彼女は何かある度に多くの神と相談をする。相談をするたびにシラスという言葉を使うことができるからだろう。具体的にどのように使われているのか、見ることにする。

　出雲神話はその始まりにおいて、スサノオと大国主神を繋ぐ場面を用意している。スサノオの現実世界での統治の役割を、自分の娘と結婚して義理の息子となった大《おお》穴《な》牟《む》遅神《じのかみ》に託すことになる。彼は大国主神という名をもらい、地上世界の統治に邁進することになる。大国主神が地上世界に降りたつ時にスサノオから出雲に空高くそびえるような壮大な宮殿を建てるように言われる。イザナミの死によって中断していた国づくりが、大国主神によって始まることになる。
その国づくりが大変上手くいき、葦原中国は大変な賑わいを見せ、その様子は高天原にも伝わることとなる。それを聞いたアマテラスは「葦原中国は我が子が知らすべき国である」と言って、我が子の天忍穂耳命《あめのおしほみみのみこと》（以下「アメノオシホ」）を天下りさせようとする。アメノオシホは天と地の浮橋から地上世界を窺い、その様子をアマテラスに報告する。するとアマテラスは神々を集め、さらに思金神に考えさせて「葦原中国は我が子の知らす国と委任した国である」と言い、そのことを大国主に伝えるために使いの神を送る。その神も含めて何回か使いを送るが失敗に終わる。そこで再度、二柱の神を遣わすことにする。出雲の国に降り立った二柱の神は大国主に「汝がうしはける（領有する）葦原中国は、我が御子の知らす（治める）国である、と任命なさった。汝の考えはいかがなものか」と聞く。要するに、大国主が統治している中国《なかつくに》のシラス者はアメノオシホなので、それを認めよと言っているのである。

大国主は最終的にアマテラスの提案を受け入れることになる。これが世に言う「出雲の国譲り」の話である。この話を「シラス・ウシハク」の意味を理解しないまま読むと、単に大国主神が領地を譲った話として理解してしまうし、実際にそれが通説になっている。

国譲りなので、美談として理解する方もいるが、見方によっては何回も使いを送り込んで威圧し領地を乗っ取った話に読み替えることもできる。ただ、譲ったにしろ、強奪されたにしろ、最後に大国主が自分が住むための大宮殿を建てたという意味が分からなくなる。なぜ、領地ではなくなった所に大宮殿を建てて、しかも住むことができたのか。最後に、話の辻褄が合わなくなってしまう。

これは要するに、大国主によって葦原中国が完成し、最終的にアマテラスの子であるアメノオシホのシラスを受け入れ、地上のウシハク者として大国主が壮大な神殿を出雲に建てたという話として理解する必要がある。大国主は自分の領地を取り上げられたのではないし、領地を譲った訳でもない。だから、国譲りというネーミング自体が誤りである。

出雲王朝がヤマト政権に滅ぼされた史実を基にして国譲り神話がつくられたと考える方が結構多いのだが、そうではない。「大人」の話し合いが行われ、出雲王朝のウシハクをヤマト政権が認め、出雲王朝はヤマト政権のシラスを認めたということである。別の言葉で言い換えるならば、出雲共和国の主からヤマト王朝の出雲の地方長官になったという話である。

実際に島根半島東端の美保神社には、今に伝わる出雲神話ゆかりの神事が二つ遺っている。諸手船神事では美保湾内を競漕した後、真剣を神社に納めるのだが、宮司が最後に「めでとう候」と祝辞を述べる。両者にとって、こんなに目出度い話はない。戦になれば多くの命が無くなるところだったが、争いの種が消えて国が一つにまとまったからだ。だから、お祝いの意味も込めて、天にも届くような壮大な宮殿が建てられ、櫛八玉神《くしやたまのかみ》が祝いの言葉と共に多くの魚料理を献上したのであろう。勇気ある決断を称えて、大国主が出雲大社に祭神として祀られることになった。ということは、出雲の国がヤマトの皇統のネットワークに入ったという意味である。

天孫降臨――「シラス・ウシハク」を披歴

記紀にはそれぞれ天孫降臨の話が載っているが、違いは「シラス」という言葉が使われているかどうかである。『古事記』ではアマテラスが主導権を握っているため「シラス」を使えるが、『日本書紀』では極秘ワードの「シラス」を使いたくないために高皇産霊尊《たかむすのひのみこと》を主として起用している。

『古事記』の天孫降臨では、その「シラス」を二回使っている。「葦原中国に降《くだ》って、国を知らせよ（治めよ）」と命令されて出発の準備をしていた太子に子供が生まれるというハプニングが発生したため、第一回目の天孫降臨は中止となる。そして結局、太子の子供の邇邇芸命《ににぎのみこと》（以下「ニニギ」）が天孫降臨をすることになる。そのことにより、アマテラスは再度「シラス」を使う機会を得る。この露骨とも言うべき演出は、とにかくシラスの意味を知って欲しいという天武の強い気持ちの表れであろう。

ところで、アマテラスは高天原《たかまのはら》を治める最高神であるが、彼女の立ち居振舞いがシラス者のそれになっている。だから、彼女は基本的に戦わないし、大事な場面では必ず周りの神々と相談している。独断で何かを決めることはない。太陽はどんな時でも同じように光り輝く。気象や気候が変わるのは、地球を取り巻く大気がなせる業。雲がかかって雨や雪が降っていても、はるか向こうにある太陽はいつもと同じように光り輝いている。それがアマテラスのあり方であり、シラス者の天皇もそうあるべきだと言っているのである。

ニニギが天孫降臨する時、それを見送るためにアマテラスをわざわざ二回も登場させている。いかに大切な権限を委任したのかが分かるような演出になっている。委任の儀式が終わり、この後はアマテラスは天上からただ黙って見守る存在となる。アマテラスがこれ以降、登場することはない。

「シラス・ウシハク」という言葉を聞いて違和感をもった人がいるかもしれない。ただよく考えると、「シラス」だけが目新しい言葉であり考え方である。ウシハクは単に領有するという意味であり、これだけを考えていると他者と領地をめぐる力勝負の世界が果てしなく続くことになる。天武はその愚に気付き、その「調整」のために「シラス」という高次元統治の概念を編み出したのである。

実は、この「シラス・ウシハク」は陰陽の原理に適っている。シラスが陽で、ウシハクが陰となる。理屈は比較的簡単に理解できるが、現実世界の中でどのようにシステム化すれば良いのか。天武が最も頭を悩ませた問題だったのかもしれない。三つのことを考えなければいけない。シラスの確立とウシハク者の自覚、さらにはシラス者とウシハク者の縁結びである。要するに、ウシハク者がシラス者にならないようにしつつ、彼もしくは彼らがシラス者に協力するにはどうすれば良いのかという問題である。

人間には権力欲がある上に、当時は警察もなく各自が武装をしている時代。ルールがあるようでないような時代である。しかも手本になるような先例が日本にも大陸にもない。天武は、真っ白な紙の前で何も書けずに呆然と立ち尽くす状態であっただろう。そういう中で、一つひとつ課題をクリアしていったのである。

シラスの確立というのは、皇統を確立して国家の中心軸を定めることである。豪族たちのリーダーであることを彼らに認めさせなければいけない。そのためにはどの氏族よりも安定的で伝統ある家系が必要だった。そして、ただ単に長いだけではなく、シラス者であることを導き出すようなものが必要である。その要請に応えて編み出されたのが古事記神話である。その神話の中で、豪族たちの祖先神を登場させるだけではなく、皇室の祖神を様々な場面で助ける役回りを与えつつ、縁結びをすることを考えたのである。

まとめると、皇統を確立し、神話によって権威付けをして、各地のウシハク者の祖先とネットワークで結ぶということになろうか。そして、その手続きを専ら担ったのが『古事記』であり、そのネットワークの証が各地に建っている神社であり、鳥居である。『出雲国風土記』には実に三九九もの神社が紹介されている。出雲にはそれだけ多くの有力者が存在し、提携には多大な労力があったことがその数で分かるし、『古事記』の中で出雲神話の占める割合が多いのはそのためである。出雲神話は苦労話の証であり、天にも届くような大神殿が大きな悦びの象徴であった。

問題なのは、『古事記』のメッセージがその後の天皇に伝わり、「シラス」者としての振る舞いがなされたかどうかである。実は長屋王の変（七二九年）の半年後、藤原不比等の四男の麻呂が「天王貴平知百年（天皇は貴く平らかにして百年をしろしめす）」という言葉を亀の背中に刻み込み、それを朝廷に献じている（吉田孝　前掲書）。そして奈良から平安にかけて退位後に出家をして法皇となり仏法に帰依している天皇が十七人いる。当時は「仏神」という言葉があり、神仏習合の感覚が強かった時代、「シラス」者として生涯貫きたいと思っていた人が多かったと思われる。そのように、しばらくは受け継がれた形跡が見受けられるのだが、桓武天皇（七三七〜八〇六）の即位から皇統が天武系から天智系に完全に替わってしまう。そんなこともあり、『古事記』の教えは時代の波に流されていくことになる。

第四章　『古事記』神話を読み解く――その三

『古事記』とは一体何なのかという命題を立てることがある。そもそもジャンルを特定する必要がないし、何か特定のジャンルに入れた上で考えようとすると正確に読み解けない恐れがある。実際に『古事記』は、文学でもなければ、歴史書でもないし、単なる神話でもない。ましてや法典の類でもない。神話の中に国を安定させるための原理・原則を極秘のメッセージとして組み込んだ秘蔵書である。

神と天皇、そして天皇の祖神と豪族の祖神を繋ぎ合わせることによって皇統に権威と安定を与えるための書なので、今のように広く読まれることを想定していない。「完成後も『古事記』は元明天皇などごく少数の人たちのあいだでしか閲覧されなかったのではないか」（工藤隆『古事記誕生』中公新書、二〇一二年）と言われている。

そのように元々は機密文書なので、朝廷とその周辺の人たちが理解、納得をして、その原理を代々伝えてくれれば良いという思いで編纂されている。対外的な公的文章であり、宮廷貴族の勉強用テキストとして使われていた『日本書紀』とは全く違う考えに基づいて作成されていたのである。

『続日本紀』（七九七年）に『日本書紀』のことが書かれているのに『古事記』のことが記されていない、『日本書紀』が『古事記』を参考にしている形跡がないことを問題視する向きもあるが、変に公にしたくないという天武の意向を汲んだ上での朝廷方の配慮であろう。

古事記神話という言葉があるように、神話の占める割合が全体の三分の一もある。『日本書紀』の場合は、三十巻のうち神代の部分はわずか二巻である。いかに『古事記』が神話を重視していたかが分かる。神話の中に、いろいろ重要なメッセージを原理と共に組み込んだためである。

その後半の部分が出雲神話、天孫降臨から神武東征、そして初代神武天皇の即位までである。そこで神と人間を繋げながら、初代天皇の統治までの話をつくっているのだが、神と人間を繋げるためには何が必要で何を注意しなければいけないと考えたであろうか。

第一は、周りの豪族を納得させるため、血統の必然性である。第二は、初代天皇として大和で即位するまでのドラマの必要性である。結果的にそのドラマは地理的移動を伴い、途中困難な出来事がありつつも、多くの部族の祖神の助けを借りながら、それを乗り越えて目的地に着くという筋書となった。第三は、その中で朝廷に所縁の豪族たちの祖神を紹介することである。それらを一つの物語としてまとめ上げることによって、神と天皇、さらには天皇と豪族との絆を結び、権威付けをしたいと考えたのである。

「計算」された話で埋め尽くされている『古事記』

考古学的に注目される発見が相次いだため、出雲神話はたぶん実話をモデルにした話だと言われるようになる。一九八四年に出雲の荒神谷遺跡から多くの銅剣と銅鐸が出土したことを皮切りに、一九九六年の加茂岩倉遺跡からも銅鐸が三十九個出土し、さらに前方後円墳とは形状が違う大型墳丘墓が発見される。銅鐸は祭器であるが、ヤマト政権では銅鐸は使っていない。その銅鐸が多く出土した。そして荒神谷遺跡から三百五十八本の銅剣が出土したが、他地域と比べて桁違いに多かったのである。さらに二〇〇〇年から翌年にかけて、大国主神の大宮殿を裏付けるかのような発見——三本一組となったスギの大木が三か所で発見――が出雲大社の境内であり、本殿の高さが約四十八メートルという言い伝えが本当だったかもしれないと言われるようになった。その高さは十五階建てのビルに相当する。そういった「物証」が出るに及んで、ヤマト政権とは別の政権が成立していたことがほぼ間違いないことから、『古事記』の出雲神話は本当かもしれないと言われ始めたのである。

今後もこの類の発見があるかもしれない。ただ、『古事記』は歴史書ではないので、考古学的に裏付けられた、あるいは社史や郷土史・風土記の記録と符合するからと言って、それによってこの書の価値が変動する訳ではない。記述の中には、史実をヒントにして書かれたものもあるだろうし、何らかの意図を忍ばせるための創作話もある。ただ、それだけのことである。要は、連動して考えないということである。直木孝次郎氏も「日本神話は古いものを含むから尊いのでもなければ、造作の跡があるから賤しいのでもない。その両面をとらわれることなく見つめること」（『神話と古事記・日本書紀』吉川弘文館、二〇〇八年）が必要と言っている。

それから『古事記』の中の話は、虚構なのか事実なのかという命題の立て方をする人がいる。それも無意味である。また、「書き換えられた神話」と言う人もいる。地方に伝承していた話を元にして作った話があるかもしれない。書き換えがあったかなかったか、それを考えることも無意味である。先程来《さきほどらい》書いてきたように、様々な目的のためにすべてが「計算」された話で埋め尽くされているからである。重要なことは、天武の立場に立って、編纂の目的を読み解くことである。

天孫降臨――高千穂となった三つの理由

天孫降臨の際に、アマテラスはニニギに三種の神器（勾玉、鏡、剣）を授けている。これがシラス者のアマテラスから地上世界をウシハクをしても良いという証拠の印《しるし》となっている。ニニギの天孫降臨に多くの神がお供をしている。一番のお供は中臣氏の氏神である。朝廷にとって、最も重要で頼りにしている中臣氏を「特等席」に座らせている。中臣氏は大和朝廷の祭祀を執り行った氏族であり、大化改新に功労があった中臣鎌足が有名である。中臣氏はやがて藤原の姓を与えられ、一族はその後さらに繁栄することになる。忌部氏の氏神、猿女《さるめ》氏の氏神、作鏡氏の氏神、玉祖氏の氏神が登場するが、これらは天の石屋戸の場面で登場した神である。重要な氏族の神を再度登場させることにより、彼らのプライドを尊重し、それと同時に家臣の中に位置付けようとしているのである。

天孫降臨にお供をした神は十柱であるが、そのうちの八柱は天の石屋戸の場面でも登場している。残りの二柱は神武天皇の東征の時にお供をしている。天孫降臨の際の十神は皇室に所縁のある重要な神と言っているのである。有力な氏族の祖先神と皇室の祖先神を結び付けるため、神の配置はすべて計算の上であり、皇統の安定を考えての措置である。何でもないことに思えるかもしれないが、彼らのプライドを満足させ、分をわきまえた行動をさせるためには重要な作業だったのである。

ニニギはそのような家臣団を引き連れ、国津神・サルタビコの道案内で日向《ひむか》の高千穂（宮崎県）に降臨することになる。この地は、イザナキが禊《みそぎ》をしてアマテラスを生み出した処である。降臨のための道案内を配置したり、結婚にまつわるエピソードを設けたりしたのは、天孫降臨が攻撃的なものではないことを示すためであろう。

高千穂が選ばれたのには、三つの理由がある。一つは、宮崎県のその辺りに、朝廷に対抗する隼人《はやと》と呼ばれる一群の集団があり、彼らとの融和を図ろうという考えがあったからである。

隼人が文献上に登場するのは『日本書紀』が最初であり、六八二年七月の朝貢記事がある。六八一年が記紀編纂スタートの年と言われているので、彼ら一族とは服属をめぐって話し合いを進めていた頃であろう。反乱をして欲しくない、帰順について大きく評価をしてあげたい、そういう気持ちといくつかの条件が重なった結果の高千穂であったと思われる。この服属も出雲の国と同じである。武力ではなく、シラスによる提携である。その証左が地元にある五つの神社――高千穂神社、江田神社、都農《つの》神社、都萬《つま》神社、霧島岑《みね》神社。創建がはっきりしないが、高千穂神社は『日本書紀』(七二〇年)に、他の四社は『続日本後記』(八三七年)に記録されているので、歴史ある神社であることが分かる。

二つ目は、高千穂という地名である。穂のなる米を千の単位にまで高く積み上げよ、という意味が地名に込められている。農耕民族にとっては縁起の良い地名である。

三つ目は、弥生人の上陸は九州に多かったという事情がある。九州と半島の間の対馬を中継地にして、大陸や半島からの渡来人たちが稲作技術や金属器など、技術的に優れたものを持って来ている。そして、軍事的にも優位性を保ちながら日本列島に定着していったのであろう。その史実が神武東征に反映しているると思われる。

神武天皇東征記――その一

ある日のこと、ニニギは麗しい女性に出逢うと一瞬のうちに恋に落ち、その娘の父親に使いを出して結婚を申し込む。山の神の父親は喜び、娘の姉を添える。いわゆる、姉妹婚である。後継ぎを遺す必要があるので、古代ではよく行われていた。ところが、添えられた姉が大変醜かったため、ニニギは姉を父親に送り返してしまう。父親はその際に「今後、天つ神御子の命は、桜の花のようにもろくはかないものになるでしょう」と言う。天孫降臨によって、神が天上界から地上世界に降りてきた。天皇は神の化身にも関わらず、寿命ある存在としてこの世で過ごすことになるのだが、その理由を説明するためのエピソードをここにさり気なく入れている。

しばらくして、ニニギと女性の間に子供ができる。ところが、ニニギは本当に自分の子なのかと疑いをかける。妻はもしあなたの子供でなければ、無事出産することはないでしょう、と言いながら御殿に火を点け、その火の中で三人の子供を産む。

一人は火照命《ほでりのみこと》。隼人の阿多君《あたのきみ》の祖先であり、後に海幸彦と言われる。二人目は火遠理命《ほおりのみこと》。山幸彦と呼ばれるようになる。そして、最後は火須勢理命《ほすせりのみこと》。この場面で隼人の祖先と皇室の縁結びをしていることが分かる。

山幸彦はなくした釣り針を探しに海の中の宮殿に行き、そこで出会った娘と結婚する。その子と彼の叔母にあたる人が結婚して四人の子供が生まれ、その中の一人が神倭伊波礼毘古命《かむやまといわれびこのみこと》(以下「カムヤマト」)、つまり後の神武天皇である。

ニニギの降臨後、三代にわたって日向の地で暮らすことになる。そのような設定をしたのは、神武天皇に火の神、海の神、山の神の血統を受け継がせるためである(【図4】参照)。すべては、計算された上で物語が作られていることが分かる。

そしていよいよ旅立ちとなる。カムヤマトは「一体どこに住めば、平和に天下を治めることができるのか」ということを一番上の兄の五瀬命《いつせのみこと》(以下「イツセ」)と相談する。三代も続いているので、長男が「家」を出る訳にはいかない。かと言って、事の重大さを考えれば関わらないのもおかしい、という判断なので

【図4】

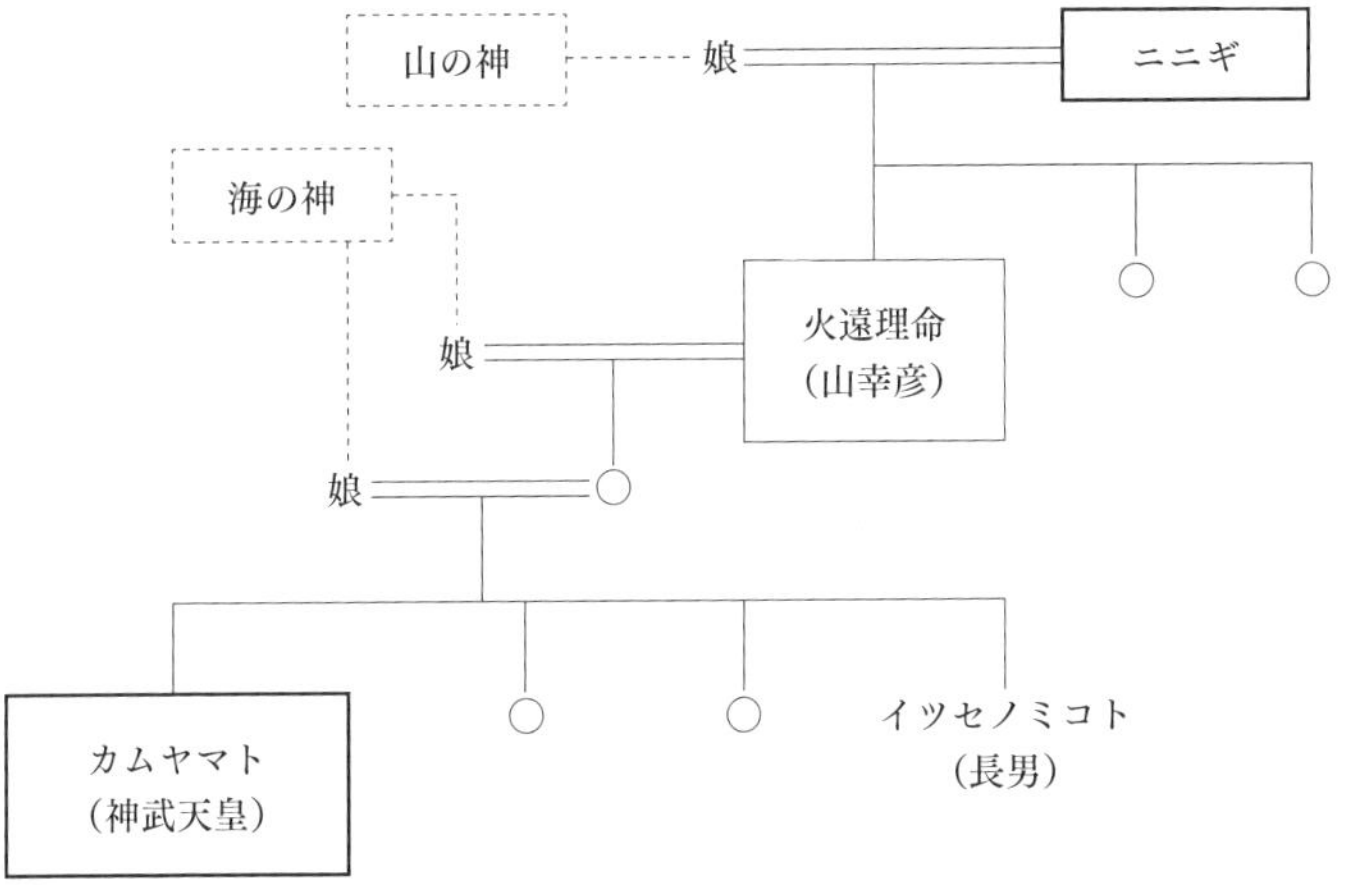

あろう。親代わりとして末っ子の手伝いをして、ある程度の目途が立てば故郷に引き返すという含みを持たせた上での同行だったのであろう。

日向を出発し、九州北部の筑紫に向かう。そこから瀬戸内海を経て大阪湾からヤマトに向かうところで行く手を阻む敵に遭遇する。兄のイツセはそこで敵の矢を受けて死んでしまう。この死に、三つの意味をもたせている。一つは、イツセの初代天皇の即位はなくなったこと。二人が無事にヤマトに到着した場合、イッセが長男という理由で日向に帰すのは不自然であり、その処理をしなくても良いようにしたのである。二つ目は、東征が苦難の行軍だったということを示す効果がある。イッセが死ぬほどの攻撃にあったので、熊野回りという迂回路をとる必然性が生まれるのだか、実はここまで十六年間かかっている。そして、三つ目は、「苦難」であったことを示すための仕掛けがなされている。「三種の神器」の剣を渡す場面を必然的に作ることができたことである。つまり、危険な行く手を安全に進むための武器という名目で剣を渡すことができたのである。

神武天皇東征記——その二

大阪から北上する予定だったが、苦戦をしたことと兄の死というハプニングもあり、急遽《きゅうきょ》予定を変更して熊野を回って紀の国の北上ルートをとることになる。ところが、ここでカムヤマトが病床に伏せってしまう。その時にタカクラジが一振りの太刀を持ってカムヤマトの前に現れる。実はその太刀は、アマテラスとタカムスヒの二柱の神が建御雷神《たけみかづちのかみ》を呼んで、地上に降りていくことを命じた際に持たせたものである。その太刀をカムヤマトに献上する。シラス者から地上のウシハクの許可を得たことがこれで分かる。

ここでタカムスヒが道中の導きをするため、八咫烏《やたがらす》を遣わし、その案内で吉野、さらには宇陀《うだ》に向かって歩を進めることになる。その途中で様々な土着の部族の祖神に出遭うが、戦う場面が描かれていない。というのは、この辺りの記述は、この地を治めていた豪族の祖神を紹介する場面だからである。最初に、阿陀《あだ》の鵜養《うかい》の祖、次に吉野首《よしののおびと》の祖、吉野の国巣《くず》の祖と登場してくる。

何のための紹介なのか。「神武東征物語にあらわれる氏族は、ほとんどすべて五世紀後半から六世紀前半、もしくは七世紀後半以後に天皇家と関係をもったものばかりである」（直木孝次郎　前掲書）が、ここにも皇統の安定のため、彼らとの絆を大切にしたいという天武の意向が反映している。となれば、豪族の祖神をどういう順番で登場させるかが問題となる。カムヤマトの先導役をどうするか、神をもってくるのはおかしい。人であったら誰をもってくるか、複数にするのはおかしい。たった一人、その人選が難しい。少し頭を悩ませたと思われるが、そこで出てきたのがカラスというアイディアであろう。何の色にも染まることがない、要するに何の意図もなく道案内をするためだけの抜擢である。

一行が宇陀に着くと、それを迎えたのが朝廷の飲料水を扱う水取《もいとり》の祖である兄宇迦斯《うかし》と弟宇迦斯であった。カラスの役目は終わりなので、兄ウカシがカラスを追い返している。二人の兄弟は当初はカムヤマトを討つつもりであったが充分な兵士が集まらなかった。そのため御殿を建て、その中に仕掛けを作って、それによって亡き者にしようという計画を立てるが、弟がその企みを白状する。それを聞いて大伴連の祖神と久米直の祖神の二人が兄のウカシを御殿の中に押し込め殺してしまう。そして、弟は二神に対して、服属を誓う。

その後、カムヤマトの一行は忍坂《おさか》の土着民の八十建《やそたける》、兄師木《えしき》と弟師木《おとしき》などを討ち滅ぼし、従う者は引き連れて、ついに畝火《うねび》の白檮《かし》原宮で初代天皇として即位をする。カムヤマトは後に神武天皇と呼ばれるようになる。

このような神武東征の話に、壬申の乱の時のエピソードが混じっていることは確かである。『古事記』を読むと宇陀（奈良県）の地に思い入れが強いことが分かるが、そこは大海人が吉野を離れ夜道の中、伊賀国（三重県）に至った中継点である。その時点では手勢は少なく心細かったと思われるが、「蹈《ふ》み穿《うか》ち越え（穴が開くほど強く踏み越えた）」という表現が使われている。強く決意したのであろう。

大海人は伊賀から東国各地に協力要請を出しているが、伊勢神宮に対しても行っている。伊勢神宮はそれに応えて周辺の豪族に呼びかけ、彼を助けている。壬申の乱に勝利した大海人は、翌年即位して天武天皇となるが、その年に大伯皇女を伊勢神宮の斎宮《さいぐう》に任じている。斎宮というのは、天皇に代わって神宮に仕える未婚の皇女・王女であるが、実は推古朝以来の四、五十年振りの復活であった。天武天皇の謝意の深さが分かろうというものである。

豪族の氏神との縁《えにし》を重視

初代の神武天皇が崩御し、長男の多芸志美美命《たぎしみみのみこと》（以下「タギシ」）が皇位を安定なものにするために義母（皇后）と結婚をする。彼女は大物主神の娘でもあった。その上で、三人の義理の弟の殺害を考える。その計画を知って、義弟の中の一番下の神沼河耳命《かむぬなかわみみのみこと》（以下「カムヌナ」）がタギシを殺害してしまう。誰が皇位を継ぐのかという問題が起きる。本来は第一子が皇位を継ぐのが筋であるが、兄がカムヌナを補佐する役割を果たしたいと言う。それ故に、カムヌナが第二代綏靖《すいぜい》天皇として即位することになる。弟が継承しても構わないと言っているのであろう。この場面は遠回しに天武の皇位継承を弁護しているように思われる。

当初、天皇は権力者として君臨していたため、身内の間で権力争いが当然のようにあった。権力を確定的なものにするための政略結婚や、謀略殺人も普通にあったと思われる。権力者として振る舞おうとすれば、身内を殺したり、気の進まない結婚をしたりすることもあると言っている。

カムヌナは大物主神の直系の孫にあたる。大物主神と大国主命は同一の神とされているのでここで出雲系の豪族の血統を継いだことが分かる。この配慮を見ても、出雲国をどのように考えていたかが分かる。討ち滅ぼしたという説が問題外だということがここからも分かる。

ここで同時に、三人の子供たちがいくつかの氏族の先祖になっているという説明を入れている。茨田連《うまらたのむらじ》、意富臣《おおのおみ》、小子部連《ちいさこべのむらじ》、伊余国造《いよのくにのみやつこ》というように、ここだけで二十一の氏族との繋がりを書いている。このように、天皇家との繋がりに気を配った記述が多いのが『古事記』の特徴でもあるのだが、数字を紹介すると「日本書紀は五十しかないのに、古事記は百七十七ある」（直木孝次

郎 前掲書）とのこと。さらに、地方豪族である国造を紹介しているが、その数は二十四であり、「とくに東海道・東山道に非常に多いのは、やはり壬申の乱の影響」（直木孝次郎 前掲書）とのことである。

『古事記』の直接の「名宛人」は皇位継承者ならびに朝廷関係者、そして皇統を支えてくれることを期待できる中央と地方の豪族たちである。天皇はどうあるべきなのか、その原理とあり方を反面教師の例も含めて示している。そして、権力を放棄した以上、皇統を守るためには、中央と地方の豪族たちの協力が絶対に必要である。そんなことから、物語や家系の中に彼らの祖先神を入れて天皇家の祖神との繋がりを紹介している。天皇家との縁があると分かれば、天皇家の繁栄とともに自分の一族の繁栄のために天皇讃歌をうたいあげてくれるだろうという期待がそこにはある。蘇我氏との軋轢・闘争から天武が学んだ教訓であろう。天智は権力をバックに法と制度をつくることによって皇統を守ろうとした。大陸の考え方である。天武はそれでは守れないと考えたのである。

「家族主義的社会関係のとり方は、歴史に培われてきた日本民族性の大きな特色」（「歴史に見る民族性」『日本人の再発見』弘文堂、一九七二年）と和歌森太郎氏は指摘する。そのため、血筋と人間の繋がりを大変気にする。家系を気にし、貴種との繋がりを誇ろうとする。

例えば、藤原氏は権勢を誇る程になっても皇位を求めることはしなかった。藤原氏の祖先は中臣氏で、祖先神は天の岩屋戸の前でアマテラスが再び登場することを請い願う神事を行った天児屋根命《あめのこやねのみこと》であることを自覚していたからである。藤原不比等も含めて、「上代の貴族は、自分が貴族であることの根拠を記紀の神話に置いていた」（渡部昇一『古代史入門』ＰＨＰ研究所、二〇〇六年）のである。

貴種との繋がりを誇る流れは、時代が下っても続くことになる。実際に北条氏は平氏と称していたし、足利氏や新田氏も源氏の流れと言っていた。秀吉ですら平氏を冠《かん》したりしていた。日本の権力者は自分の権力基盤を固めるため常に血筋という権威を求めたのである。力だけある者は、単なる成り上がり者ということで認めない風潮があったのであろう。その感覚は現代まで繋がっていると思われるが、『古事記』には、そういったことを理解した上で読む場面が結構あるということである。

欠史八代を入れた理由

第二代の綏靖《すいぜい》天皇から第九代の開化天皇までは、単に誰と結婚して誰を生んだかということだけが書かれていて具体的な事績がないので、欠史八代といわれている。そんなことから実在の真偽をめぐって議論になっているが、何度も言うように『古事記』は歴史書ではないので意味のない議論である。そして、実在していない架空の天皇が入っていると思われる。

なぜ、架空の天皇を入れる必要があったのか。一つには、天皇家の歴史を辿れないようにすると同時に、古き家系であることを示すためである。初代の神武の氏素性が仮に分かってしまうと、家系図をつないで傍系であると言い出す豪族が出るかもしれない。そうなると、血筋争いから権力闘争に発展する可能性が出て来る。初代の神武はどの豪族の祖先とも繋げないようにするため、「真空地帯」に入れておく必要がある。大和周辺では有力豪族との血縁に絡むこともあるので「地縁」を消すため、わざわざ高千穂から呼び寄せ、さらにそれを確定するために架空の天皇を入れたのである。そして架空だと分かるように崩御の年齢をあり得ないような年齢（初代：百三十七歳／五代：九十三歳／六代：

百二十三歳／七代：百六歳）とした。それらの意図が分かれば、初代と繫げる豪族はいないと思ったからである。

当時は豪族たちが自分たちの血筋を証明するために家系図をしきりに作っていた。豪族の家系の方が天皇家よりも古くて、伝統があるという話になると威厳が保てなくなる可能性がある。八代を入れることにより歴史ある家柄を示すことができるし、神武との接続が出来なくなる。とにかく、皇統より長い歴史の家系図をもった豪族が現れるのを防ぐための措置だったのである。

二つには、豪族たちは天皇家との繫がりを望んでいたからである。実在の天皇との繫がりにすると偽りが分かってしまうが、欠史八代を置くことによって、その天皇と繫げようとする豪族も出て来るかもしれない。初代との繫がりは絶対に困るが、「八代」との繫がりはある意味ご愛嬌である。その一族を何かの折に役人として使えば良いだけのことである。

民を「おおみたから」と呼ぶ

十代の崇神天皇から記述が具体的になる。この天皇については「初国《はつくに》知らしし御真木天皇《みまきの》」と評価されている。シラスという言葉を使って、初めて国を治めた本当の天皇と言っている。実際に、彼が初代の天皇であろう。彼の治世では疫病が流行って多くの民が死に、それを天皇が悲しんでいると大物主神が夢の中に現れ、自分の御魂を祀らせろ、そうすれば国も安らかに治まるだろうと言う。崇神は早速、大坂神《おおさかのかみ》を始めとして四柱の神に楯、矛、素焼きの皿などを祀ったところ、疫病はすっかり止み、国は治まることになる。初代の神武は大物主の娘婿にあたる。つまり、祖先神を祀ることがご利益《りやく》につながるという教えなのである。

その後、崇神は東海道、丹波地方に兵を出し、ヤマト政権に従わない勢力を打ち倒し、支配地域を広げていく。ため池を各地に造ったことも記されている。政権の基礎固めをした天皇であろう。

下つ巻の最初は、世界最大の陵で有名な仁徳天皇である。新田開発、堤防の増設、ため池の設置や運河、さらには港湾整備など積極的にインフラ整備をしたことが分かる。そしてある時、高い山に登って四方を見渡すと、料理を作る時に立ち上がる炊煙がほとんど上がっていないことに気付く。そのため天皇は課税と労役を免除することを決断する。

一方、宮殿の方は破損が目立ち雨漏りもするが、修理をせず、器で雨漏りを受けたと書かれている。その後しばらく経つと、家々から竈《かまど》の煙が立ち上り、それが国土に満ちている状況であった。それを見て、課税と労役を課すようになったと書かれてある。シラス者として、具体的にどう振る舞えば良いのか、その手本として掲げられている。簡単なエピソードであるが、俯瞰することにより正しい判断ができると言っている。俯瞰を英語で「bird's eye view」と言うのだが、こちらの方が分かり易い。農耕民族は長年自分のテリトリーだけを考えた生活をしてきた。目の前の土地さえ守れば生活ができるからだ。そのため俯瞰力が弱い。日本人の持っている民族的な弱点だと思っている。目の前の課題の処理は上手いのだが、それ故にすぐに対症療法に走ってしまい、手順を間違えてしまうことがどうしても多くなる。民に余力がないのに徴税すれば貧窮化し、それは国家の衰退に繋がる。肝心なのが民の状態なので、「おおみたから」と呼んでいる。そして、民の余力のあるなしは俯瞰して見る、そして長期的計画のもと国家運営をすべしという教訓が込められている。単なる人徳話ではないということである。これ以降も話は続くが、天武が後世に伝えたかった原理や天皇のあり方についてはここまでで、ほぼ出尽くしたと思われる。

第五章　「日本のかたち」定着の軌跡——明治維新まで

『古事記』の中に書き込まれたメッセージが仮に理解されたとしても、制度がなければ画餅となる。『古事記』と律令制度、両者は天武の頭の中では一つに繋がっていたのである。六八一年、記紀編纂と同時に飛鳥浄御原令の制定を命ずる詔を発している（施行は六八九年）。「律」は現在の刑法にあたり、「令」は行政組織を定めたものである。

飛鳥浄御原令は天武律令とも言われ、「律」が間に合わなかったというのが大方の見方だが、彼の問題意識は多分に国の制度にあったので、令だけで充分と思っていたはずである。律と令について歴史家は同じような比重で考えている方が多いと思われるが、令の方がはるかに重要である。

陰陽の原理で考えると、令が陽で、律が陰となる。令は制度なので、例えて言えば水路である。水路を作れば水はその通りに流れる。水路がないと水は勝手な所を流れ、思った通りに流れてはくれない。だから令を定めた後に補助的に律を定める。ただ、天武は民が暮らしている所に水路を作ることを考えたのではなく、朝廷周辺の水路作り、つまり国の根幹の制度を定めようとしたので、律はいらないとの判断だったと思う。律というのは、民衆を対象としたものだからである。必要であれば、唐の律を借用すれば足りると思っていたし、実際にそのように運用されたようだ。

飛鳥浄御原令は現存しないが、これを基にして大宝律令がつくられているので、その中身を検証することによって天武の構想を具体的に知ることができる。とにかく、『古事記』と律令制度はセットで考えなければならないということである。『古事記』は歴史の分岐点に位置付けられる書であり、天武の意志が込められた第一級の資料である。先入観に捉われることなく、客観的に見つめる努力が求められるのだが、歴史家の多くは『古事記』を表面的にしか読んでいない。

そのため、天武の思いを読み違えてしまい、天智、天武両天皇の時代を連続的に捉え、その期を天皇親政の完成期、巨大な権力者の天皇の誕生と捉えるので、結局それが律令制度の誤った解釈に繋がっている。実際に高校教科書の山川日本史は「乱（壬申の乱）の結果、近江朝廷側についた有力豪族が失権し、強大な権力を手にした天武天皇を中心に中央集権的国家体制の形成が進んだ」（傍点筆者）としている。これが歴史関連学会の通説的見解と思われるが、傍点の部分が誤りである。

強大な権力を手にしたことは確かであるが、その権力を新しい国づくりの基礎固めのために使っている。彼が構想した国家は中央集権的国家と言うより、むしろ地方分権国家である。山あり島あり半島ありの自然の地形や気候の変化に富んだ国である。島の数だけで約一万四千ある。大陸のような大平原の国ではないので、機械的に一律に治めるのが難しい。各地方の有力者に治めてもらうことを考えたのである。つまりウシハクである。そして、天皇はシラス者として彼らと宗教的血縁関係を結ぶ。その証が各地の神社であり、その実例として「国譲り」の話を挿入したのである。神社は全国で約十五万八千(文科省調べ)あるそうだ。ヤマト政権の宗教ネットワークの痕跡であり、地方分権国家が成り立った秘密がそこにある。

教科書が言うところの中央集権的国家体制、つまり権力の強化と集中が進んだと捉えたならば、その後歴史的に成立する権力は一体何なのか。天皇との分権体制だったとでも言うのだろうか。そして中央集権体制を支えた官僚を一体どのように採用・養成したのか、という疑問が湧く。大政奉還の意味も含めて、上手く説明できないと思われる。分権体制の基礎固めがあったから、その後の地方の権力者たちは誰もが朝廷との繋がりを大事にしたのであろう。その流れは、鎌倉、室町、戦国時代の武将も含めて江戸時代まで続いている。

『古事記』に込めた天武の真意を読み解けなかったのは、古代は奴隷制社会なので天皇支配でなければならないとの思い込みに囚われていたからではないだろうか。先入観の色メガネを外して虚心坦懐に自国の歴史を見る必要がある。

「太政官－神祇官」体制が明治時代まで続く

天武天皇が即位したのは六七三年であるが、その頃大陸と半島では新羅と唐の十年戦争が起きている。その時点で百済と高句麗は滅んでいるが、新羅が高句麗復興を助けたことで唐と対立をする。対立をし始めた頃から新羅が日本に使節を送り始める。『日本書紀』によると、六六八年以降、年に一回のペースで使節を送っている。軍事的な援軍を期待しての交流であったようだ。そんなことで唐とは対立関係となり、唐は日本の出張所（熊津都督府）を撤去する。その「羅唐戦争」も、六七八年頃には収まり、それ以降、新羅とは良好な関係が続いたようだ。

六八〇年頃になると対外関係が落ち着き、かつてほどに心を配らなくても良いような状況が生まれたので、記紀の編纂事業と国内の組織固めを急ぐ。中国の律令制度のかたちだけ真似をして「似ても似つかない代物」（関裕二『天皇家誕生の謎』学習研究社、二〇〇四年）をつくる。なぜ「似ても似つかない」制度をつくる必要があったのか。中国の皇帝は中央集権国家の独裁者であるが、天皇は権力を手放した祭主者だからである。トップの性格が異なれば、当然制度も変わらざるを得ない。ならば、日本独自の制度をつくれば良かったのではと思うかもしれないが、別の計算が働いていた。実は新羅は律令制度を採り入れることを唐から許可されていなかった。日本が律令制度を採用すれば、新羅に対して優位な立場に立てるという外交的な計算がそこにはあったのである。

ところで、飛鳥浄御原令であるが「その写本や、条文を記した木簡などは、残念ながらまだ発見されていない」（吉田孝　前掲書）とのこと。ただ、内容的には大宝律令とほぼ同じと言われている。そして、七五七年に撰定された「養老律令は大宝律令の体系をほとんどそのまま継承して」「明治維新まで生きつづける」（同）ことになる。そして、二官八省と一般的に説明されている制度の生みの親は天武天皇であるが、「太政官－神祇官」体制は明治の時代まで命脈を保ち、特に太政官は一八八五年の内閣制度の発足まで存続することになる。

太政官は権力者を取り込むための組織

太政官－神祇官制度について考察を進めたいと思う。その組織のメカニズムを調べることによって、権威と権力を具体的にどのように分離したのか、権力をどのようなものとして捉えていたのかが分かるからである。それを調べずに実態だけを見て、藤原不比等が「天皇から権力を奪うことに成功した」（関裕二 前掲書）という説を唱える方もいるからである。

国家の政治的な性質・特徴を調べる場合は、国家の組織の構造と運用のメカニズムを分析することが重要である。というのは、独裁国家でも憲法を制定し、行政組織を作る。外部からの判断だけでは民主国家と区別することが難しい。組織と運用の両面で判断するということである。

資料として遺《のこ》っているのが大宝律令しかないので、それを念頭に置くのだが、大宝律令の編纂を中心的に担ったのが天武の第九皇子の刑部《おさかべ》親王と藤原不比等なので、天武の皇統を軸にした国家づくりの悲願が代を継いで、ここで一つの華を咲かせることになる。そして律令の制定にあたって「今後いっさいの行政は大宝令の諸条文にもとづいておこなえ」（傍点筆者／青木和夫『日本の歴史3　奈良の都』中公文庫、一九九〇年）といった勅令が発せられている。大宝律令が憲法（基本法）の役割を担っていたことが分かる。

律令制度というのは、客観的なきまりによって国を運営するというもの。唐の律令制度に倣ったというのが従来の説であるが、唐の皇帝と天皇との立ち位置が根本的に違うため、日本の実情に合わせて手直しをすることになる。唐では皇帝は絶対の権力者なので、すべての権力を集中させた上で、その直下に中書省、門下省、尚書省などを置いた。

それに対して日本は、権威と権力を分離することを考えたので、太政官は権力機関、神祇官は権威を発揚する場とした。その上で、すべての権限を太政官に集中させ、そこで合議によって様々なことを決めてもらい、最後に天皇が承認することにしたのである。

天皇は権威を高めるために神祇官で皇祖神を祀り、政権を太政官という組織に委ねるという形態がその後継続されていく。つまり、二官というのは、権威と権力を分離する体制を組織的に担保するための制度だったのである。

【図5】

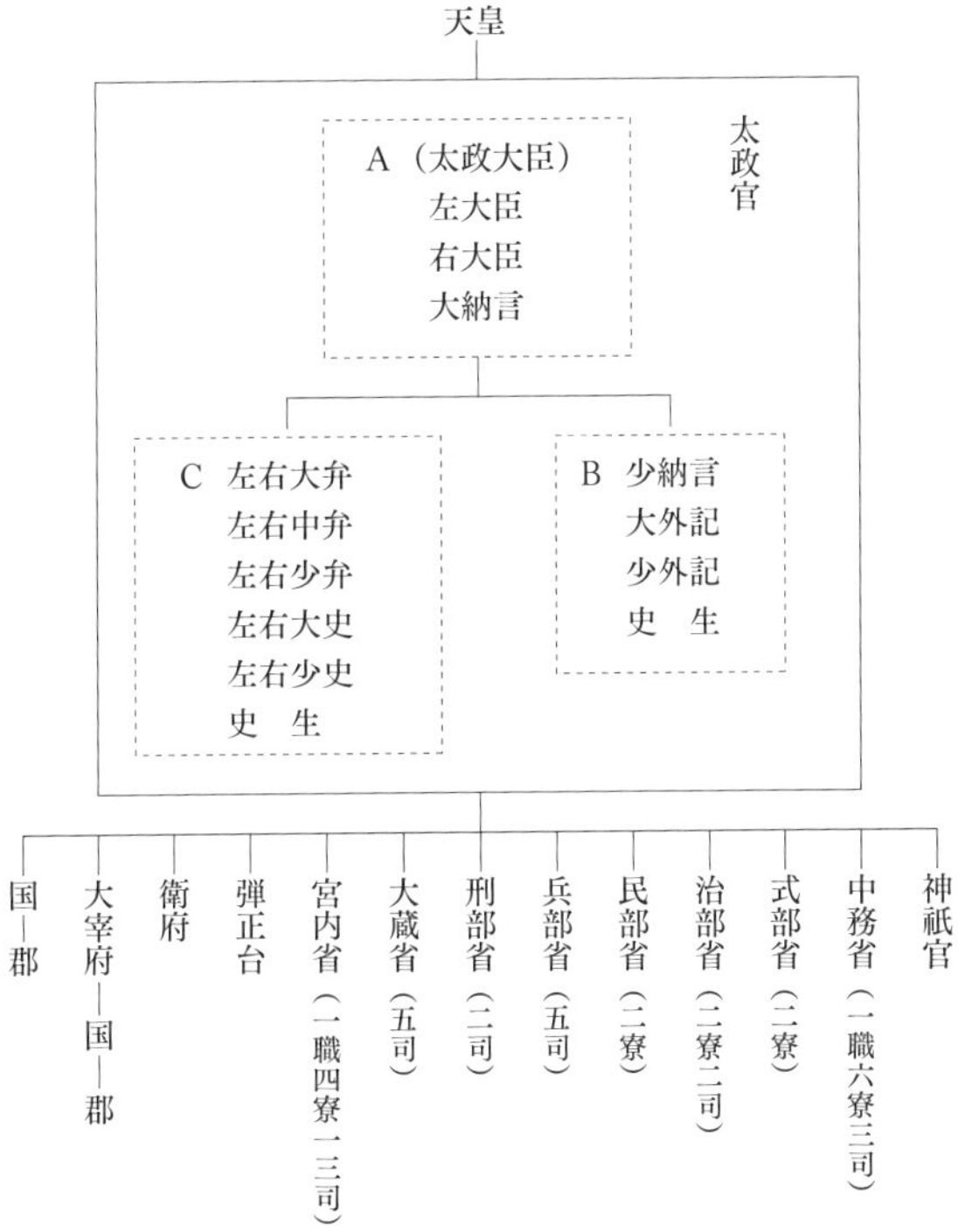

佐藤進一『日本の中世国家』(岩波書店/1983年) より

【図5】は佐藤進一氏が作成したものである。太政官の内部のやりとりを具体的に明らかにするため、神祇官をわざと下にして見やすいようにしてある。これを拝借したいと思う。

太政官の中のAは議政局（審議機関）、Bが外記局（秘書機関）、Cが弁官局（行政機関）となっており、例えば天皇から出された内意（意見）は各部局の中を駆け巡ることになる。佐藤進一氏の先行研究によると、公文書である詔書が出される場合は、まずBの外記局で文書が作成され、それが天皇に示された後に中務省に回され、そこからAの議政局で回覧された後、また天皇に戻され、さらにCの弁官局に送られて、そこから中央や地方の役人に下達する仕組みになっている。現代の組織用語を使うならば、さしずめAが議会、Bが内閣府、Cが内閣であろうか。「一通の詔が人民に達するまで実に三回も天皇がチェックに加わる」（今谷明『象徴天皇の発見』文春新書、一九九九年）ことになっていた。

Aでは稟議《りんぎ》書を回していることが分かる。現在も役所や会社で会議の時間が取れない時に稟議書が使われていると思うが、その部署の全員の印が押された段階で承認したことになる。メンバーの合意を重んじていることが分かる。これを見ると、天皇は太政官での協議の重要性を認識していたことが分かるし、中国の皇帝のように振る舞うつもりがなかったことも分かる。

実はこの太政官制度であるが、その時々の権力者を、制度的に取り込むための制度として考えられたものである。実際に、平清盛、足利義満、豊臣秀吉、徳川家康といった面々は太政大臣として任命されている。源頼朝、足利尊氏は太政大臣ではないが征夷大将軍に任じられている。これも朝廷の官職であり、権力者を取り込むという発想においては同じである。

そもそも太政官制度を天皇が絶対的権力を行使する中枢組織とするならば、権力闘争をする相手に地位を与えて、わざわざ呼び込んでいることになる。天皇が権力者だとすると、説明がつかなくなる。「関白という地位自体が天皇をコントロールするという意図の下に藤原氏によって設けられた」(井沢元彦『逆説の日本史』24、小学館、二〇一八年)という見解も、天皇は支配者であるはずという思い込みからくるものである。

次に天皇の権力・権限の実態であるが、天皇の威厳を保つ程度の権限しか与えられていなかったようだ。具体的に天皇が動かすことができた軍隊(兵馬)は兵員二十人未満、兵馬百匹未満である。それ以上の場合は、太政官との合議が必要とされていた。これだけでも絶対的な権力者でないことが分かる。そして勅符（勅令）の扱いであるが、貞観の末年（八七二～八七六）以降は太政官がすべて関わることとなり、「遅くとも九世紀には飛駅勅符に関する天皇の非常大権が半ば形骸化したことは明らかである」（前掲書）と佐藤進一氏は指摘する。

「シラス・ウシハク」が定着

九世紀以降の平安朝の時代になると、権力を手放して、その権力を側近や重臣が行使、自らは権威者として振る舞うというあり方が定着する。それを象徴的に表す出来事が幼帝の出現である。八五八年に文徳天皇が崩御し、その跡を継いだのが九歳の清和天皇であった。清和天皇を含め、この後、平安時代だけでも十四人の幼帝が擁立されることになる。このことから、九世紀の半ばにはすでに「天皇の機能はもはや幼帝でも果たしうるものに変質していた。天皇の地位は個々の天皇の能力と直接には関係ない一つの制度として、確立していた」（吉田孝　前掲書）のである。さらに今谷明氏の調査によれば、幼帝を仮に満十歳以下での即位と定義をして、それに該当する天皇が三十人いるとのことである。中には生後七か月での即位（七十九代 六条天皇）もあった。これらのことは、天皇をどういう存在として先人が考えていたのかについて、一つの手がかりになるだろう。

ところで中国の皇帝はどうであろうか。易姓革命の国である。革命が起こらないように常に権力を強化しようとしたし、権力を奪取した場合は、前の王朝の皇族たちを女、子供関係なく皆殺しにするのが習わしであった。そのような中国で幼帝はあり得ない。また、イギリス、フランス、ロシアにおいても幼帝は一人もいない。皇帝は権力の象徴と考えられているので、当然であろう。このように「諸外国の歴史と比較することによって、日本史において権威と権力が分離した意味、天皇が日本人、日本文化に持っている意味は深長である」（『象徴天皇の源流』）と、今谷氏は結論付けている。

日本の場合は、数多くの幼帝の存在で分かるように、天皇はまさに権威の象徴であった。権力は太政官に負託をし、仮にその時々の権力トーナメントに勝ち上がるような活躍をした者が出た場合は、官職を与え権力を公認した。時の権力者を「太政官－神祇官」体制の中に巧みに組み込んでいったのである。

そのように時の権力者を制度の中に組み込むことができたのは、天皇が権力を手放していたからこそである。手放していなければ、天皇はその時々の権力者と闘わなければいけなかったのだが、そうはならなかったし、それを防ぐための組織が太政官だったのである。つまり、太政官という組織そのものが権力者を「吸収」する役割をもっていたのである。

真の実力者に官職を与え、その者に政治を動かしてもらえば良いし、そのような実力者も天皇の適任者もおらず幼帝を擁立する場合は、誰かを太政大臣に任命して、天皇をサポートさせれば良いだけのことである。天皇は権力者でなければならないとすると身動きが取れなくなるが、権力を放棄しているので、その時々の政治情勢に応じて柔軟な態勢を組むことが出来たのであろう。

これは余談だが、権力者でないために歴代の天皇の中には、経済的に困窮した方もいる。『総本朝通鑑』によれば後土御門《ごつちみかど》天皇（一四四二～一五〇〇）は三度の食事もロクに食べることができず、崩御された時に葬式を出せず四十三日間御所内に安置され、幕府から一万疋《ひき》（約一千万円）の支給を得て葬儀を執り行ったとある。応仁の乱の頃の時代で世の中が乱れていたことは確かであるが、権力者であればあり得ない話である。

このように日本独特の「権威と権力の分離原則」が古代から中世、そして近世において連綿と受け継がれていった。福沢諭吉は『文明論之概略』（岩波文庫、一九九五年）の中で、「至尊の考と至強の考とは自ずから別にして…」と、権威と権力の別の意義を説いた上で「至尊と至強と相合一して人民の身心を同時に犯したることあらば、とても今の日本はあるべからず」と言っている。つまり、権威と権力が一体となって人民を支配したならば、とても今の日本はあり得なかったと言っている。「絶対的な権力は腐敗する」が、日本は真逆の道を歩んだのである。実は、それが世界最古にして最長の王朝が存続している理由であり、秘訣だったのである。

権威と権力を切り離すメリットは何なのか。権威者に対して権力者も含めて民衆が「応援団」にまわって支えようとする点であろう。その一方、権力の集中度が進めば進むほど強権化し、民心が離れがちになる。そして時には民衆が抵抗勢力となることもある。大陸の国の中には権力を肥大化させ、挙句の果てに権力が暴走をして民の反発を招き、結局国が滅びることが多々あった。「権力一本足打法」と「権威と権力の二人三脚」のどちらが安定するかという問題である。答えは、言わずもがなであろう。

「シラス・ウシハク」下で文化の華開く

「日本史において権威と権力が分離した意味、天皇が日本人、日本文化に持っている意味は深長である」（前掲書）と、今谷氏は結論付けている。「権威と権力の分離」システムが万世一系の皇統の歴史をつくってきたと言える。弱きものほど強く、強きものほど弱いという柔弱謙下の老荘思想をシステム化したとも言えよう。身体の中で、硬い歯が抜けても軟らかい舌は残る。強い（硬い）ものより、弱い（柔らかい）ものが長持ちするという有名な喩《たと》え話があるが、それの統治版と言えるかもしれない。

そして実は、文化も「弱き」ところ、自由な雰囲気を土台にして、個別具体的にその華を咲かせる性質がある。イデオロギーが支配する社会や強権社会では、一つの価値観が支配し独自の文化は育ちにくい。

先人が権威による統治を採り入れたのは、農耕社会を土台にした家族社会の必然的帰結であったと思われる。どういうことか。農耕社会を営むためには定住が必要であり、その生活が上手くいくためには家族の役割分担と地域の共同性が必要である。地域の一体感を保つために農作業の節目に皆で神社に集まり、神に感謝を捧げるようになる。祭りの起源は、そういうものであっただろう。共に行動する中で共同体意識と自治意識が育まれるので、敢《あ》えて強権的に統治する必要はなかったと思われる。そして、日本の神は自然神のため、その神のイメージが地域ごとに違う。郷土色豊かな祭りや踊りが各地で生みだされることになる。地方ごとに方言が自然に生まれ、郷土意識が培われることになる。為政者はその上に乗っかって国を取り纏《まと》めれば良く、大陸の国のように強権で国民を統治する必要はなかったのである。

文化の担い手が各地の庶民レベルに移り始めるのが室町時代の頃である。食料生産も含めて、ある程度生活と物資に余裕がなければ、文化的活動は生まれない。日本の芸術・芸能活動の大きな特徴は、貴族や官人、武士がリードしたことである。モノ作りを何か高貴な作業として考え、精密なものを作ることに拘る気風はそんなところから生まれたのであろう。

例えば、「伊勢氏の鞍《くら》」として有名だが、馬の鞍を室町幕府側近の伊勢氏の当主が自ら作るならわしがあったそうだ。鞍を使う方も、当主が作ったとなれば大切に扱うことになる。作る方も変なものは作れないということで、モノを通して両者に緊張関係が生まれたことであろう。日本人の職人気質やモノを粗末に扱わない精神というのは、その様に培われていったのではあるまいか。

源頼朝に半ば命令され静御前が鶴岡八幡宮で白拍子の舞を披露する。歴史的に有名な場面であるが、その際に諸大名による楽隊が編成されている。貴族や大名の中に、管弦楽器を普段からたしなんでいた人が相当数いたということである。白拍子の舞は雨乞いの神事なので、古き時代から神社の拝殿で行われていたものである。アマテラスが天の岩戸に閉じこもった時に、その前で神々が着飾って髪飾りをして舞って踊るというシーンがあるが、そういった流れが鎌倉時代まで伝わっていたことは確かであるし、それが江戸時代の歌舞伎に繋がったのではないかと思っている。日本人が芸能を大事にする精神というのは、そのように育まれ、それが日本人の細胞のＤＮＡに刻まれているのであろう。

文化・芸能の華が庶民レベルに広がり大きく咲き誇るのが江戸時代である。天下泰平の時代を象徴するように、農民、町人が文化・芸能の担い手となる。庶民の中から、歌舞伎が生まれ、大相撲も生み出されていく。貨幣経済が浸透し、それらは町人の木戸銭で支えられ、発展したものである。

学問については、朱子学を官学と定めたものの実際には何でも有りの状況であった。西欧では学問は僧侶、貴族といった一部特権階級のものであったが、日本では武士、町人、農民が学問に目を向けた。その時代において「町人学者の出現はアジアにおける日本の特徴」(山本七平『日本人とは何か』PHP研究所、一九八九年)でもあった。そのため、陽明学、古学、国学さらには庶民の中から心学や報徳思想、共産主義のような考えも出てきた。「『文化』とは、土地に固着したものであり、それぞれの土地の条件、風土のもとで生まれる」(大野晋　前掲書)のだが、地方分権態勢の下でこそ学問や芸術・芸能など文化の華が開くものである。

多彩な人財が多彩な文化を生み出す

「江戸時代というのは、なかなか立派な時代です。もう少し、世界の人が江戸時代を研究してほしいですね」(『「昭和」という国家』日本放送出版協会、一九九九年)とかつて司馬氏は語っていた。単なる士の時代であり、封建時代という先入観があると何も見えてこないし、結局それが明治維新の見方を誤ることに繋がっている。

封建という言葉の発祥は中国である。封は土地を統治するの意味であり、建は建国、つまり中央から派遣された地方官が任地を建てる、支配するという意味である。中央集権国家のシステムを表す言葉である。この概念が十八世紀ヨーロッパに移入し、千九百年頃日本に持ち込まれ、日本の歴史を説明する用語として使われるようになったのだが、これまで見てきたように律令制に基づくシラス・ウシハクの統治が飛鳥の時代から江戸時代まで続いたので、封建という言葉で説明する時代が日本にはないと思っている。

封建は階級国家観に立った言葉なので、すべてを支配、被支配の関係で捉える。実際に西洋の封建領主は土地と農奴を所有・支配したが、日本の大名が有していたのは徴税権だけである。現代の税務官のようなものであり、これでは支配階級と呼べないであろう。山川の教科書には江戸時代の文化として寛永期文化、元禄文化、宝暦・天明文化、化政文化と、実に四つの文化の紹介があり、各産業が発達したとある。支配、抑圧された社会ではそのような現象は起きない。持ちつ持たれつの社会だからこそ、様々な文化、学問、芸術が発展したということであろう。

「身分的流動性」（中公新書編集部『日本の論点』二〇一八年）もあった。具体的には農家の二男、三男が江戸に来て町人になったり、町人が金を稼いで侍株を買って侍になる。養子縁組によって農家の子が武家に入る。侍が画家、医者、学者、僧侶になることもあったそうである。

江戸時代には約三百の藩があり、それぞれ個性をもっていたし、大名の多くは庶民に眼差しを向け、時には幕府と真逆の法を出すこともあった。例えば幕府が「田畑永代売買禁止」の法度を出したことに対抗して加賀藩は「切高仕《きりだかし》法《ほう》」（一六九三年）を出して売買を許可している。さらに諸藩は藩内の経済力を高めるため人材を育てることに関心を払った。それは識字率の高さにも表れている。江戸時代の後期には日本人の識字率は世界一だったと言われている。全国の識字率は約五〇～六〇パーセント、江戸に限ればおそらく七〇パーセントを超えていたのではないかとされている。当時のフランスですら二〇パーセント程度と言われているので、かなり高い数字である。「読み、書き、そろばん」ということが日常的に言われ、それらを教える寺子屋や私塾が全国各地にあった。

藩校は江戸中期以降、特に多く作られるようになり、幕末の頃には二八四校を数えるまでになる（海原徹『日本史小百科「学校」』東京堂出版、一九九六年）。ほとんどの藩が藩校を整備していた計算になる。そしてそこでの教育内容を調べると、藩の考え方が分かって興味深い。同じ九州でも佐賀藩は知識詰め込み型で、六歳くらいから二十年間勉強漬けで、初等コースから高等コースとあり、それぞれ卒業試験もある。そして成績が悪いと家禄を削られることもあったとのこと。

対して薩摩藩は郷中《ごじゅう》教育で知られているが思考優先型（体験優先型）である。郷中というのは町単位の組織のことで、鹿児島の城下には数十の戸（家）が一つの郷中に組織され、郷中は全部で約三十あったと言われている。郷中のリーダーが郷中頭で彼を中心として地域の子供たちを教育していた。郷中には特定の教師がいる訳ではなく、朝に集まってそれぞれ地域にいる藩士のところに行って儒学や書道、剣道などを学び、その後に集まって何を学んだかをプレゼンテーションして、その後は遊ぶというものであった。

藩から優れた人材を出すことが藩の行方を左右すると思っていたのか、大藩よりも小藩のほうが総じて教育熱心であった。その代表的な例は、津和野藩の藩校養老館であろう。津和野藩（島根県）は四万三千石の外様小藩であるが、この養老館から文豪・森鷗外、哲学者の西周、日本地質学の父と称される小藤文次郎を輩出している。この津和野藩は天明の飢饉の時に石高の約九倍弱の三十七万石の借財を背負い込んだ。このような財政困窮の時でも、文教政策を幕政の中心に置いたのである。そして、文武両道を掲げながら、朱子学を中心に据えつつ、儒学、国学、数学，洋学、医学などを学べる体制をとったのである。

司馬氏は、そこで実施されている教育の内容を俯瞰して「この多様さの面のみ音量を上げてみると、江戸期は日本内部での国際社会だったのではないかとさえ思えてくる」（『この国のかたち』（文藝春秋、一九九〇年）と言っている。

地方分権システムのもと、故郷思いに溢れた人たちの熱意がその地方に合ったカリキュラムを編み出し、それが人材を超えた多才な人財を輩出する力になったのであろう。その彼らが多彩な文化、学問、芸術を生み出したことは間違いない。こういった蓄積から何も学ぼうとせず、「一新（維新）」の名の下にこれまでの歴史をほぼ全面否定してしまった。亀裂が入り、やがて歪みが生じることになる。

明治維新――国のかたちが崩れるきっかけを生む

天武の構想した律令制度が明治の時代まで受け継がれることになる。実際に明治に入って、政府のことを「太政官」と称していたし、太政官そのものは一八八五（明治十八）年の内閣制度発足まで存続することになる。大臣の名称や基本的な役割は、明治の内閣制度に受け継がれていくことになる。

明治維新は革命なのかという問題がある。江戸時代を皮相的に支配・被支配の関係でしか見ようとしないことからくる命題であり、「奴隷制→封建制→絶対王政→民主制」という西洋史観の「公式」を前提にした命題である。今まで見てきたように、日本の統治のあり方は世界に類例はないし、日本のように一つの王朝が古代から長きにわたって続いている国はない。そういう意味で日本はかなり特殊な国だと思った方が良い。だから、西洋史観の概念を当てはめて考えることは、基本的に止めた方が良いと思っている。思考が演繹的になり、思い込みで歴史を見ることになるからである。

それはさておき、革命なのかということであるが、革命と考えるには無理があると思っている。権威と権力を分離して個別に考えると、権威者である天皇の地位は何も変わっていない。そして、権力は徳川幕府から天皇に戻され、表面的には移動しているが、本質的には何の移動もない。そして、肝心の革命の主体がはっきりしない。天皇が権力を掌握したので朝廷勢力という説明は苦しい。そもそも大政奉還の時、明治天皇は十五歳になったばかりである。「国譲り」が行われたということは言えても、革命とは言えないだろう。

具体的に検証をしてみる。一八六七年十月、徳川慶喜は大政奉還の上表を朝廷に提出して、政権を朝廷に返還する。他国では考えられないような出来事である。十二月に王政復古の大号令が出る。その冒頭に「徳川内府、従前御委任ノ大政返上、将軍職辞退ノ両条、……」（傍点筆者）とあり、委任していた政権が朝廷に返上されたことが分かる。

徳川幕府から返上された権力の行方を探るために帝国憲法の前文と五十五条を見ることにする。前文の「大臣ハ朕カ為ニ此ノ憲法ヲ施行スルノ責ニ任スヘク……」（傍点筆者）という文言と五十五条の「国務各大臣ハ天皇ヲ輔弼シ其ノ責ニ任ス」（傍点筆者）を併せ読むと、徳川方が返上した政権を国務大臣に委任していることが分かる。実際に大臣というのは、律令時代の太政官内の議政局で使われた役職名である。言葉を受け継いだということは、根本的な考えの変更はないということである。

天皇方からすれば、政権は太政官の各大臣が担ってきたので、同じように内閣の大臣が担えば良いという考えがそこにある。実際に慶喜は内大臣という官職にあった。内大臣から内閣総理大臣に、太政官が内閣に名称変更しただけである。先に、本質的には何の移動もないと書いたのは、こういうことである。

以上はあくまでも憲法論・制度論であるが、社会の実態は革命的な変化と呼ぶような状況であった。版籍奉還・廃藩置県によって武士階級は没落し、銀行制度の創設により金貸し商人は没落していった。明治維新は今まで社会を牽引してきた人達にとって歓迎できない動きであったことは確かであるし、そのようなラジカルな変化はこれまでの日本の歴史にはなかった。尊王攘夷と言っていたのに、急に文明開化になり、世の中に欧米の価値観が浸透していくことになる。国のかたちが崩れ始めることになる。要するに外見的には禅譲であるが、実際には理念なき変革であり、「裏切られた革命」だったのである。国のかたちが崩れ始めることになる。

第六章　国のかたちを忘れて彷徨《さまよ》う時代

――明治から敗戦、そして現代まで

天武が『古事記』を通して残そうとした重要なメッセージは、異次元統治と現実統治を分けた上で、異次元統治の主体者であるシラス者の天皇を国家の中心軸に据えるということであった。さらに、現実統治はその地方を知り尽くした人間に統治を任せ、その人と委任関係を結ぶというものであった。政治学用語を使うならば、地方分権国家となろう。徳川時代の統治がその完成型であった。朝廷と幕府の二元統治があり、現実政治は幕府と各藩の共同統治が行われ、地方の各藩は独自の統治が許されていた。朝廷が陽で幕府が陰、さらにその幕府が陽となって藩が陰となる。盤石である。『古事記』が説いた陰陽の原理に基づく統治のかたちが有効に作用し、約二六〇年間の天下泰平を庶民は謳歌することになる。

ところが、幕末になって今まで確立した基本原則が崩れ始める。きっかけは黒船来航である。ペリー提督が将軍に持参した土産は、ミニチュアの蒸気機関車、電信機、回転式拳銃といった文明の利器であった。西洋文明にひれ伏すように過剰に反応する。一八五八年、幕府は勅許（朝廷の同意）なしで日米通商条約を締結してしまう。孝徳天皇は激怒したという。「シラス・ウシハク」体制に亀裂が入った瞬間であった。『古事記』がいうところの緊急事態なので、本来は知恵者を入れて話し合いを持つべきであったが大老井伊は独断で締結してしまう。

西洋の文物や思想、イデオロギーが洪水のように押し寄せ、日本の軸足が大陸に移ってしまう。孝明天皇が一番恐れていたことであった。最後の将軍徳川慶喜はフランス製の軍服に身を包み、洋食とカメラをこよなく愛したと言われている。将軍ですらそのような有り様。彼は当時の日本を天皇と将軍の二重構造と捉え、近代国家に進む上での桎梏《しっこく》と思っていたようである。ヨーロッパの中央集権国家を文明国の条件と思い込んでいた節がある。地方によって地形、風土、気候、文化がかなり異なる日本では地方分権が合理的であるし、近代化の桎梏にならないのだが、よく分かっていなかったのだろう。

地方分権国家と中央集権国家、何が違うのか。法制度的には自治のあるなしの違いであるが、外見的には区別がつきにくい。要するに、地方官のベクトルの向きが違う。前者は現場に向いているが、後者は機械的に中央から派遣されるため、どうしても上に向きがちとなる。そして実は、その向きが決定的に重要である。コーポレートガバナンスにも通じることだが、向きが上になっていれば地方担当官は単なる伝達官なので現場からの反発が生まれやすく、汚職や不正が起きやすい。下に向いていれば信頼関係が築かれ、自由な創造も期待できる。この日本でも官民ともに腐敗が起き始めた。権力が一カ所に片寄るとどうしてもそういうことが起きがちである。分権社会移行へのシグナルである。

アイデンティティの喪失が「敗戦の焼け野原」につながる

「明治以後に江戸期を捨てたことに、日本の不幸があったのではないでしょうか」(『昭和という国家』NHK出版、一九九八年)と司馬氏は核心をつく。出発の時点で目ざす方向を間違え、結果的に江戸期を捨て、アイデンティティを捨てたのである。そして結局、上がる階段を間違えて登ったステージで本来の自分とは違う演技をすることになる。良い演技もあったが、結果的にすべてが無駄になった。方向を違《たが》えれば無駄な努力もあるということである。

なぜ間違えたのか。本来は国の伝統文化を基軸にして外来文化をどの程度受容できるかを考えるべきだが、軸足を大陸に置き、その視点から日本を見ていたからである。大政奉還は平和的に政権の移行がなされ、「神武創業の始め」（王政復古）に戻ることが確認されたものの、日本の元々のかたちが分からず、実際に掛け声だけで終わることになった。看板だけ掲げて、システムをつくらなかった。つまり「陽」を忘れたのである。「ヒルコ」が発生することになる。

人にはその人に合った生き方があるように、国にもその国に合った生き筋がある。ましてや日本は古代から連綿と歴史を繋いできた国である。その生き方を踏襲することが求められたはず。福澤諭吉も『学問のすすめ』の中で「数百年にわたり一国で続いた習慣を簡単に改めるものではない」という趣旨のことを書いている。

一八七一（明治四）年、岩倉具視、伊藤博文、大久保利通、木戸孝允ら政府主要メンバーを含めた総勢一〇七名が一年十か月もの長期にわたって米、英、独、仏、露の五か国とベルギー、オランダなど十二か国を視察している。世に言う岩倉使節団である。廃藩置県の実施から四カ月も経っていない十二月末の出発である。新政府の要人の多くが本国を長期間にわたって留守にすることは有り得ない。熱意を込める方向が間違っていた。日本のかたちを求める旅をせずに西洋近代社会のイメージを頭に焼き付ける洗脳の旅となってしまった。

本来はこの期は今までの歴史を踏まえて、日本の国の青写真を考える時である。足元を見つめることを忘れ、目線を外に向けていたのである。帰国早々に征韓論が出て、鹿鳴館の建設が始まり欧化主義が広がり自由民権運動が起きる。ある意味、必然的な流れである。「ヒルコ」がガン細胞のように肥大化し、先人が遺した「国のかたち」を破壊するような政策が導入されていくことになる。

一つ目は、中央集権制の導入である。富国強兵の名の下に導入されるが、歴史的に初めての採用となる。一八七一年に廃藩置県が実施され、続いて学制、徴兵制と中央集権制を補強するための政策が矢継ぎ早に実施される。その後発布される帝国憲法に地方自治の規定がないのは、ある意味必然的であった。

江戸の幕藩体制に於て、各藩は幕府から相対的に自立し、独自の法を制定し、行政権、司法権、教育権をもっていた。さらに「各藩はそれぞれ独自の文化、すなわち言語、習慣、学問、祭礼はもとより、固有の産業政策で地方物産の振興に努めてもいた」（渡辺利夫「不羈《ふき》独立――明治のリアリズム」）。そのため、人々も国民という意識ではなく、方言というお国言葉を使う邦人であった。律令の歴史が長く、日本人の細胞レベルにまで刻み込まれているため「ふるさと納税」が成り立つし、郷土力士、地元球団という言葉が今でも通じるのである。地方分権態勢の下、多くの郷土料理や郷土芸能も生み出されていく。

中央集権制に付随して官僚の選抜のため、中国の科挙を真似て高等文官試験が導入される。ペーパー試験による全国一律採用である。中国には教育システムがないため科挙を導入したのであって、江戸期に各藩が教育制度を整備しているので科挙のような制度を導入する必要はまったくなかった。官僚に求められるのは国家意識と公僕意識であるが、それを見定めるために中国では儒教を利用したのである。科挙は単なるペーパー試験ではないのだが、明治政府はかたちだけ模倣する。

公務員は公に務めると書く。状況によっては私的なことより公的なことを優先と考える人に開かれた職業である。単純にペーパーの良否のみでそのような人材を集めることはできない。本来なら、律令の長い歴史の中で各地域が形成した組織と独自の教育システムを生かして中央で活躍できそうな人材を選抜すれば良いものを、伝統を捨て猿真似に走ることになる。

二つ目は、一八六八（明治元）年の神仏分離令であり、廃仏毀釈である。天武によって神仏習合のアウトラインがつくられ、それが日本人の宗教心の形成に大きな役割を果たした。寺と神社は一体であったが、分離令によって両者は切り離され、神社を国家神道として国の統制下におき、寺は独立させるというものであった。この時に廃仏毀釈運動が起こり、多くの寺や仏像が焼かれたり、破壊されたりしている。例えば、興福寺や永久寺は凄まじい破壊活動にあっている。四大寺の一つであった永久寺は仏像も含めて跡形もなくなった。ただ、被害は県によって違っていた。奈良県、高知県のように酷い所もあれば、ほとんど無傷の所もあった。そのことは、いみじくも江戸が分権社会であったことを証明することにもなった。

神社に対しても神社合祀《ごうし》令が出され、整理統合を迫られた神社もあった。神仏習合の文化が地方分権を支え、人々の宗教心を育て、ひいては社会の安定に寄与していた。「日本のかたち」に対する無知を象徴する政策であった。

三つ目は、西洋イデオロギーの大量流入である。それが契機となって自由民権運動が起きる。共産主義も流入する。国民の生活スタイルがあっという間に洋風になり、天武が禁じた肉食が普及する。かろうじて天皇をシラス者とする帝国憲法を制定するが、誤った解釈が大手を振るようになる。

アイデンティティを喪失すれば目標が定まらなくなり、人生を彷徨うことになる。人も国も同じである。やがて日本は帝国主義の道を歩み始める。軍国主義に魅入られて、堤防にひび割れが入り、亀裂が大きくなり、決壊した姿が敗戦の焼け野原である。

「憲法」の名称で太子の意志を受け継ぐ

「条文の内容は一見して違いが目立っていた」（石村修「プロイセン憲法と明治憲法」聖学院大学紀要、No.48）との指摘があるにも関わらず、帝国憲法がプロイセン（プロシア）憲法の模倣という説が都市伝説のように語り継がれていく。その原因を調べていくと、どの国の憲法を手本とするかということで、イギリス派とプロイセン派に分かれて論争を繰り広げ、「イギリス派を全面追放し、プロシア派の勝利を確定させたのが明治十四年の政変」（井沢元彦『逆説の日本史24』小学館、二〇一八年）という史実に行き当たる。実はその後、憲法の起草担当者である伊藤博文と伊東巳代治《みよじ》が欧州に派遣されるが、そこで運命的な出会いが待っていたのである。

倉山満氏が自著『帝国憲法物語』（ＰＨＰ研究所、二〇一五年）の中で紹介しているのだが、伊藤が留学先のドイツで憲法学者のシュタイン（一八一五〜九〇）から憲法は歴史、ということを言われる。「文明国の通義に則りつつも、それは自らの歴史より出てきたものでなければ、文明国を気取る欧州の列強にかえって侮られる。……何が自国の歴史なのかを発見しなければならない」という言葉に衝撃を受ける。今まで西洋の考えを移入することだけを考え、足元を全く見ていなかったことをシュタインから指摘されたのである。さらに、「民権派の論客の唱える法政思想が欧州の地で既に過去のものとなっているのを知り得た」（瀧井一博「伊藤博文滞欧憲法調査の考察」『人文学報』（京都大学人文科学研究所、一九九七年）ので、衝撃のあまり彼はシュタインを日本に連れていこうと画策までする。「伊藤の滞欧憲法調査は、『憲法』の語がconstitution、Verfassungの訳語として定着する重大な契機であった」（同上）ことは間違いないであろう。

「constitution」の和訳が憲法であることは、現在ではほとんど常識になっているようだが、どう訳するかで当時議論があった。国憲、国体、国制、政体といった言葉が候補としてあがっていた。それらを抑えて憲法になったということは、憲法の命名者である聖徳太子の思いを受け継ごうという考えがあったからである。それは同時に、日本の伝統的な法治を継承するという思いの表れだった。伊藤が四人の起草担当者のチーフであったが、彼の帰国後、四人は日本の歴史や古典の調査に入ったそうだ。日本の伝統を繋いでいきたいという起草担当者全員の共通した思いが「憲法」という言葉に込められているのである。

憲法学者の多くは、その事情を知らないし、十七条憲法をほとんど無視している。例えば、佐藤幸治氏の『憲法』（青林書院新社、一九八一年）は「わが国における成文憲法の歴史は、明治二十二年制定の大日本帝国憲法にはじまる」と書いている。無視の原因について渋谷秀樹氏は「内容として、一般の人々の権利や自由の保障とか、権力の行使を抑制するための権力分立という発想はまったくありません。したがって、聖徳太子の十七条憲法は、現在一般的に使われている憲法と同じもの、つまり立憲主義的憲法、真の意味での憲法であると言うことはできない」（『憲法への招待』岩波新書、二〇一四年）と言う。

「権利や自由」「権力分立」「立憲主義」という十八世紀以降に西欧で確立した概念を指標にしている。時代的に無理な注文である。しかもこれらは、有史以来絶えず国境をめぐる紛争があった西欧において、国家権力に対抗するために考えられた概念であり、それを用いたものが「真の意味での憲法」と思い込んでしまっている。

人は時に、法概念を使用して権利関係を説明する西洋近代法が優れていると錯覚を起こすことがある。法やきまり、さらにはそれに伴う様々な概念の行使が文明国の証と思っているかもしれないが、それらは本来的にない方が良い。法やきまりがあるということは、そこに悪事があったからである。だからホッブズは「権力のないところに、法はない。法のないところに、不正義はない」（『リヴァイアサン』）と言ったのである。つまり、先行事例として何か好ましからざることが起き、それを防ぐために出てきたのが法だからである。

人権が叫ばれたのは、人間を人間として扱って来なかった歴史があったと言っているようなもので、決して誇ることではない。西欧から人権、平等という概念が出てきたことをもって、その歴史を評価する人がいるが、逆である。

そして、人権、平等といった概念は、あくまでも個々の事例における調整概念に過ぎない。それを社会の目標であるかのように掲げることの愚に伊藤は気付いたのである――「洋書のかじり読みにて枯ねり出したる書上の理屈を以て、万古不易の定論なりとし、之を実地に施行せんとするが如き浅薄皮相の考にて、却て自国の国体歴史は度外に置き、……」。瀧井氏が先の論文の中で伊藤が松方正義に宛てた手紙ということで紹介しているのだが、自分の国の歴史を忘れ、洋書から枯れてしまったような言葉をもってきて、それが永遠の真理であるかのように思い使おうとする浅い考え、というような意味である。現代においても通用するメッセージである。

帝国憲法の解釈の誤りは日本史の理解不足が原因

起草者は全部で四人だが、そのうち井上毅と金子堅太郎、伊藤博文らの考えを記した文章が遺っている。まず井上であるが、国文学者と交わりをもちながら『古事記』を含め『日本書紀』などの古典研究にいそしみ「わが国の憲法は欧羅巴《ヨーロッパ》の憲法の写しにあらす（ず）して即《すなわち》遠つ御祖の不文憲法の今日に発達したもの」と言い、さらには西洋と日本は「人民開化の度」が違うので、「欧州模倣ヲ非トスル」と『井上毅伝』の中の言葉を林珠雪氏が自身の論文（「井上毅の天皇観における伝統と近代」神戸大学学位論文、一九九三年）の中で紹介している。「遠つ御祖の不文憲法の今日に発達したもの」が分かりにくいが、はるか昔の教えが現在まで連綿と続いていて、それが今の憲法に繋がっているという意味である。西欧の統治の考え方と日本とは違うということを認識していることが分かる。

金子堅太郎は「帝国憲法の精神」の中で「日本の憲法は、……（略）……欧米諸国の如く帝王の壓迫《あっぱく》に堪えずして貴族と人民が鋒《ほこ》を逆さまにして帝王に迫った結果出来た憲法とは違う。又欧米諸国の如く人民が自由民権を主張する為に帝王に迫って制定せしめたものではない」ので「外国の憲法と日本の憲法とを併せて同一の理論を以て解釈することは抑々《よくよく》誤って居る」と述べている。そして「二箇条（一条と四条）を熟考せずに只外国の憲法論の理論に依って我が憲法を解釈しようとするから、そこに大きな誤りを生ずるのである」（同上）としている。「統治」（一条）をシラスと解釈出来れば「総攬」（四条）の言葉を大所高所から見守る意味として理解できるのだが、権力による統治とすれば、「総攬」がそれを強める意味となってしまうということである。

伊藤は『帝国憲法義解』（一八八九年）を憲法制定直後に刊行しているが、その中で憲法一条の「万世一系ノ天皇之ヲ統治ス」の統治の意味は、シラスであると明確に言っている。

実は一八八六年に二つの憲法草案が提出されている。いずれの草案も「万世一系ノ天皇ノ治《しら》ス所ナリ」であったが、最終的には「統治ス」となった。シラスは憲法の起草に関わった四人の共通のワードであった。ただ、これがどうして言葉として遺らなかったのか。その辺りは推測でしかないのだが、ドイツ人の法律顧問であるロエステル、モッセの理解を得られなかったのではないかと思っている。シラスというのは、異国人からすれば、聞いたことのない法概念だったのであろう。万世一系も実はそうだったのであるが、それは伊藤らに押し切られた。シラスまでは認めたくない、そんな彼らの思いが阻止に向かったのであろう。「統治」の言葉を使い、意味を起草者が説明すれば良いのではということで決着したと思っている。

伊藤も井上も、「統治ス」はシラスという説明を行っていたが、「『統治ス』という当時の新語は、後世において天皇は絶対君主であるとの憲法解釈を与える結果となった」（田村安興「象徴天皇と神話」『高知論叢』第１００号／二〇一一年、三月号）、つまり全く反対の意味が一人歩きをし始めたのである。そして、時代の流れに引きずられて西洋近代法しか勉強していない日本の憲法学者たちが、それをアシストすることになる。伊藤らにとって、それは計算外だったのであろう。

憲法学者が帝国憲法を曲解する

明治の憲法学者たちが帝国憲法を曲解する。原因は三つある。一つは、「シラス・ウシハク」の意味を知らなかった。二つ目は、欧米文化に盲従する政府の政治姿勢や社会の雰囲気の影響を受けた。三つ目は、一つの王朝が古代から続いているので、十七条憲法から始まって律令制度を分析する中で、皇統をどのように考えてきたのかという観点から帝国憲法を解釈すべきであったが、その作業を行っていなかった。

要するに、プロシア憲法の日本版といった思い込みが働き、帝国憲法を「点」として捉え、それを西洋近代法の歴史と繋ぎ合わせた上で帝国憲法を解釈したのである。日本は人権後進国という先入観が働いたのであろう。西洋近代法の原理をそのまま日本に当てはめようとした。桜の木の枝とポプラの切り株を繋げるようなものである。

そのため第一条の「統治」を「シラス」と解釈せず、王権による独裁的な支配という意味として捉えた。二つの学説が出る。天皇主権説と天皇機関説である。結論から言うと、両方とも間違っている。

前者であるが、主権という言葉は十六世紀のヨーロッパで対内的にも対外的にも「国の境界」をはっきりさせ、統治する対象を確定する必要に迫られた末に編み出された概念であり、権力と密接に関わる言葉である。島国の日本において当時はそのような事情とは無縁であったため、必要のない概念として帝国憲法では使っていない。主権の所在について敢えて言えば、天皇は権力を放棄した国家の主宰者であり、議会制を採用しているので国民主権であろう。ところが、天皇主権説が現在の憲法学会の多数説となっている。

実は天皇主権説は戦後に制定された憲法が国民主権を明記したため、辻褄合わせに苦労することになる。というのは、帝国憲法の改正手続きによって日本国憲法が公布されたのだが、主権という大原則が改正手続きの中で変わることはあり得ないからである。そこで出てきたのが「八月革命説」である。ポツダム宣言が国民主権を要求しているので、受諾した時点で革命が起きたとするのである。この提唱者が宮沢俊儀氏であるが、彼の名前によって学会では有力説になっていく。

後者の天皇機関説であるが、提唱者は美濃部達吉である。この説はドイツの公法学会で唱えられていた「国家法人説」がベースになっている。国家を一つの法人・組織と見立て、天皇をトップであり最高機関とみなすという学説である。会社を例にすると天皇を社長もしくは会長であると見做すのであるが、シラスというのは異次元統治なので、そのように組織の中に入れて考えること自体が間違いである。今谷明氏は「日本の天皇のあり方は、諸外国の王制と比べてもきわめて特異なものである」（今谷明『象徴天皇の源流』新人物往来社、二〇一一年）として、その特異さを「不執政王」という言葉で表現している。天武が考えた天皇のポジションは大陸国家には例がないので、当然、西洋近代法の中にあてはまる言葉も概念もなかったということである。

曲解された解釈が現在まで受け継がれる

誤った解釈が戦後になっても受け継がれていく。戦後の日本の憲法学を牽引したと評価されている人物が先に紹介した宮澤俊義氏である。宮澤氏は美濃部達吉門下生であり、東大憲法学の重鎮である。「宮澤門下」という言葉があるように、彼の考えが憲法学会の中で受け継がれ、専門書や教科書を通じて広がることになる。

彼の著した『憲法』（有斐閣全書、一九八六年）の中に「明治憲法は、……〈略〉……自由主義ないし民主主義の理念と、それに対抗して絶対天皇制をできるだけ保持することを狙う神権的絶対主義の理念とのあいだの実際的妥協として生まれた……」（傍点筆者）という一文がある。先入観だけで書かれたような文章だが、法律用語でもないのに、彼が使った「神権」を憲法学者たちが右倣えをして使うようになる――「神権的国体観念と立憲主義とをむすびつけようとする複合的性格の強い憲法典」（佐藤幸治『憲法』青林書院新社、一九八一年）、「明治憲法は、一方で神権的な絶対主義の原理のうえにたちながら、これに近代憲法の諸原則を微妙に混在させている……」（伊藤正己『憲法入門』有斐閣双書、一九九八年）。「神権」という言葉は「神聖不可侵」と「統治権」を組み合わせて作った造語だと思われるが、「神聖不可侵」を絶対君主に伴う概念として説明している。その解釈が歴史の教科書に書き込まれている。

高校の現場でよく使われている山川出版社の『詳説日本史』には、「帝国憲法は、天皇が定めて国民に与える欽定憲法であり、天皇と行政府にきわめて強い権限があたえられた。神聖不可侵とされた天皇は統治権のすべてをにぎる総攬者であり、……」（傍点筆者）とある。起草者の考え方とは異なった解釈である。これでは、検定教科書を作成する意味がないと思っている。

天皇は主宰者であり審判の役割ということを先に書いた。「統治権」はシラスであることも先から言っている通り。その役割を果たすためには、公正・中立でなければならず、そのためには他からの介入があってはならず、その上で「神聖不可侵」と言っているのである。

一話完結型の小説のようなものであれば、その小説だけを読んで理解しても良いだろう。しかし、憲法や法律は切り離された文章が並べてあるだけなので、起草者の考えや歴史の流れを踏まえて解釈しなければならない。かつて絶対君主国のエチオピアは、最後の皇帝ハイレ・セラシュ一世の時、憲法を公布(一九三一年)する際に「神権」という言葉を使った。一見するとよく似ている両国の憲法を例に出して考えてみたい。

【Ⅰ】　第三条　皇帝の血統および聖油により、皇帝の身体は神聖であり、その尊厳は犯しがたく、その権力は不可侵である
第六条　したがって最高の権力は皇帝の手に存する

【Ⅱ】
第三条　天皇ハ神聖ニシテ侵スヘカラス
第四条　天皇ハ國ノ元首ニシテ統治権ヲ総攬シ此ノ憲法ノ条規ニ依リ之ヲ行フ

【Ⅰ】と【Ⅱ】はどちらが日本であろうか。天皇とあるので分かると思うが、後者が帝国憲法である。字面だけ見れば、同じような内容の憲法と思うかもしれないし、西洋の近代史だけしか学んでなければ、両者を同じように解釈するであろう。ただ、同じ言葉を使っているから同じと考えるようならば、憲法学者はいらない。その言葉が生まれた時代背景や国の事情、さらには統治の歴史を踏まえて解釈をする必要がある。

「神聖」は皇統のことを指している。神と繋がっているが故に国の中心軸（元首）となり、シラス者として「統治権ヲ総攬」できると書かれている。形式を西洋憲法から倣《なら》いつつ、中身については天武以来の天皇のあり方を踏まえた条文である。

大政奉還の時の明治天皇の年齢が十五歳、帝国憲法の発布の時は三十六歳である。明治天皇にしてみれば、たまたま時代の節目にあたって帝国憲法の「主役」になってしまっただけであり、特に野心はなく、従来通りの天皇の「道」を歩もうと思っていたであろう。

帝国憲法の「統帥権」が軍部独裁を呼ぶ

帝国憲法の統帥権規定から軍事独裁政治が生まれることになる。端緒は一九三〇年のロンドン海軍軍縮条約の締結であった。そこで補助艦（巡洋艦、駆逐艦など）の保有量が英米の七割と決められたが、政府は条約の調印をする。帝国憲法に「天皇ハ陸海軍ヲ統帥ス」（十一条）とあるにも関わらず、政府が勝手に軍縮条約を締結したので憲法違反の問題が起きる。世に言う、統帥権干犯問題である。

法文上は天皇に統帥権があるのだが、「シラス・ウシハクの原理」により伝統的に統帥権も含めてすべての統治権を各大臣に委任しているため、政府が軍縮条約を締結しても憲法上全く問題がない。ただ、政府は枢密院の同意を取り付けた上で、条約の批准手続きをするのだが、この一件が統帥権に着目するきっかけを与えることになる。

つまり、実際に軍部を動かす権限は参謀本部と軍令部にあり、その両者が勝手に軍隊を動かしたとしても、政府のどの機関もそれを止めることができないことに気付く。「統帥権のおばけが出た瞬間」（司馬遼太郎『昭和という国家』）であり、統帥権が三権の頂点に立った瞬間だったのである。

それは軍事独裁政治の始まりを意味していた。過去の権力者が天皇の権威を利用したように、彼らもまた天皇の名のもとに日本を支配していく。従来と違ったのは、国民に牙を剥いたことである。ガン細胞の「ヒルコ」が悪性化して、今までの日本とは違った日本になっていったのである。

一九二九年の世界恐慌の波が日本を覆い、多くの企業や銀行が破綻したこともあり、閉塞感に包まれた時代でもあった。二つの軍事クーデター（五・一五と二・二六）が発生する。二・二六事件後に「大臣現役武官制」、つまり陸軍大臣と海軍大臣は現役の軍人に限られることとなる。文民統制の逆バージョンである。両大臣に対する「重し」がまったくなくなり、それは陸軍と海軍の二つのヘッドをもつ軍事政権誕生への道を開いた。そして互いに違う方向に暴走をし始めることになる。二匹のおばけが現実世界に出現して暴れ始めることになる。悪い時には悪いことが重なるものである。

暴走戦争の特徴の第一は、全体を統括する人物がいなかったことである。ドイツであればヒトラー、イタリアであればムッソリーニがある意味国を引っ張ったが、奇妙なことにそれに該当する人物が日本にはいない。戦線だけは拡大していったが、全体的に支離滅裂な動きとなった。国家総動員法を成立させ、大政翼賛会を発足させたのは近衛文麿内閣である。ただ、この内閣は一九四一年十月に総辞職する。開戦に踏み切った時は陸軍大将の東條英機内閣であるが、終戦時は鈴木貫太郎内閣である。特定の誰かが指導したのではなく、皆で戦争に向かって飛び込み、最後は制御不能になって終わったような戦争である。この戦争について、確定した名称が未だに定まらないのは、このためであろう。

二つ目は、海軍と陸軍が反目をして背中を向けるようにして戦ったことである。海軍は太平洋を舞台にしてアメリカと戦い、陸軍は主に中国や東南アジアを舞台に戦っている。開戦時の経済指標（ＯＥＣＤ統計）を調べてみるとアメリカは約一兆一千億ドル、日本は二〇四五億ドルで五分の一位である。経済規模と軍事費はほぼ比例するので、アメリカだけを敵に回したとしても無謀な戦争であることが分かる。しかも専ら海軍だけがアメリカと戦っているような状態である。負けるために戦ったようなものである。

三つ目は、日独伊三国同盟の締結である。アメリカを仮想敵国とする軍事同盟であり、第三国の攻撃に対しては共同で対処することを約したがドイツ、イタリアが日本を軍事的に支援できるはずもないし、却ってアメリカの反発を買って、経済制裁を受けることになる。何の意味もない同盟であった。

四つ目は、どの国を敵とするかで意見が分かれていたことである。日本にとっての旧来の敵はロシアであり、ソ連である。日露戦争は彼らの南進政策を阻止するための戦争でもあった。ドイツのヒトラーもソ連を敵視していた。それにも関わらず、ソ連と中立条約を結んでなぜアメリカと戦ったのか。これが最大の謎である。調べてみると、英米と組んでソ連を叩く北進論と、日独伊と露が組んで米英を叩く南進論があったことが分かった。全く相反する考え方であるが、最終的に南進論が採用される。独裁政権が暴走して、誤った選択をしたということである。

五つ目は、終結のシナリオがまったくないまま始めたことである。開戦より戦争を終わらせる方が難しい。何かを獲得するために戦争を始め、ある程度の見込みが立てばどこかの国を仲介として停戦に持ち込むことをあらかじめ計算しておくものだが、それがほとんどなかった。どこかの時点でソ連に仲介を頼む程度の考えはあったようだが、リアリズムが完全に欠如していた。

これらのことについて半藤氏は「対症療法的な、すぐに成果を求める短兵急な発想」「主観的思考による独善」「複眼的な考え方がほとんど不在」（半藤一利『昭和史』平凡社、二〇〇四年）と手厳しい。

そのような戦争遂行の過程において中央集権的な軍国主義教育が利用され、国民を戦争に駆り立てるイデオロギーの根拠として『古事記』の建国神話が使われたことは二重三重に不幸なことであった。さらに「満州事変勃発後、建国神話は国民団結強化や戦争動員に利用され」（古川隆久『建国神話の社会史』中央公論新社、二〇二〇年）ていく。ただ、そのように利用されたからといって『古事記』そのものの価値が減ずる訳ではない。峻別して考える必要があるのだが、研究者レベルの人でも未だに軍国主義と『古事記』を繋ぎ合わせて考えている人が結構多くいる。それはある意味、〝不幸の継続〟と考えている。

シラスと象徴は同じではない

敗戦を機に日本国憲法が制定された。この憲法はＧＨＱ（連合国軍最高司令部）が約一週間で原案をまとめ、それに基づいて作成されたものであり、目的は日本から軍国主義を除去することであった。アメリカからすれば、パールハーバーや特攻隊といった悪夢を二度と見たくない、そのためにはどういう憲法にすれば良いのか、考えた結果が現在の憲法である。

(i)九条で武力の威嚇や行使さらには軍隊を持つことを禁止した。

(ii)前文は九条を制定するための言い訳的文章になっている。「平和」という言葉が、前文の中に四箇所使われていることからも分かる。

(iii)天皇を象徴とした。象徴はシンボルの意味であり、シラスとは明確に違う。天皇は政治に関与しない方が良いというのが、アメリカの判断である。

ここまでが、メインの処理である。

補足的に文民統制（六十六条）と地方自治（八章）を導入した。そして念のため、東京裁判で軍部の中心的役割を果たした人を戦犯として裁き、米軍が日本に駐留する措置をとった。講和条約を一九五一年に結ぶが、それと同時に安保条約を締結し米軍駐留を合法的に継続できる措置を取った。アメリカ側の警戒が強かったことが分かる。そして未だこの警戒が完全に解けた訳ではない。

戦後憲法が四分の三世紀過ぎた今でも、まったく改正されることなく命脈を保っている。日本のアイデンティティとそれほど大きな齟齬《そご》がないため、さほどの拒絶感がなく国民に受け入れられてきたためであろう。

改めて『古事記』神話から日本のアイデンティティを取り出してみる。(i)「シラス・ウシハク」の二元統治。(ii)地方分権統治。(iii)武器を持っても良いが、戦うな。戦う場合は相手の武器を狙え。(iv)重要な場面での話し合い。

いかがであろうか。戦後憲法の内容と大差ないのではと思ったのではないだろうか。これが今でも、現在の憲法を支持する声が根強くある原因だと思っている。ただ、詳細に見ると(i)〜(iii)については微妙に齟齬がある。そこから亀裂が入り、ズレが大きくなっている。順番に見ていくこととする。

(i)「シラス・ウシハク」の二元統治

天武以来、天皇はシラス者としての地位にあり、それは明治になっても変わらなかった。シラス者というのは、権力者でもなければ、単なるシンボル(象徴)でもない。大所高所から日本を見つめ、日本の進む方向に常に気を配る存在である。律令の時代から終戦までシラス者の天皇が現実政治と接するポジションが作られていた。ところが、日本国憲法では完全なシンボル扱いになってしまっている。現在は「ウシハク一本足」による統治である。一本足統治は腐敗しやすい。二元統治の長い伝統がある。権威と権力の緊張と協力関係の中でバランスをとってきた。陰陽の原理にも適っている。天皇がシラス者として関われるような制度的保障をつくるべきだと思っている。

(ii) 地方分権統治

地方分権統治と地方自治はどう違うのか。現在の地方自治は中央の下請け的位置付けになっている。それを無くすために、知事、副知事と政令指定都市の首長が参議院議員として国政に参画するようにし、教育の地方分権化を進めて公立学校教育の立て直しをしつつ、地方が求めている人材を育成できるようにすべきだろう。もともと五箇条の御誓文の「広ク会議ヲ興シ……」の原案は「広ク列侯会議……」である。つまり藩（県）の代表者を集めた議会を想定していたのである。

(iii) 九条問題

平和の考え方が、白村江の戦いの反省を踏まえて『古事記』の中にメッセージとして書き込まれている。アマテラスを皇祖としたところに天武の平和への思いと決意がある。九条を世界遺産にという運動があるようだが、九条は日本人が考えた条文ではない。元を辿れば、パールハーバーや特攻隊といったショッキングニュースが生み出した条文であるし、アメリカ側がそれを二度と起こさせないといった決意を示した条文であり、日本にとっては不名誉な条文である。たぶん、世界の人々もそのように考えるであろう。

そもそも今の時代において、武器、軍隊を持つことなく自国民を守ることなど不可能である。国内の治安維持を職務とする警察ですら武器を所持する。古代においてすら、武器を持ち、相手の武器を攻撃して構わないと考えていた。平和という観念的な言葉に酔わないで、現実的にどうすれば自国民を守ることができるのか、具体的な言葉で九条を書き換える必要がある。それができないうちは、自国の防衛すら考えられない国と受け止められるであろう。そして、それと同時に、前文には君民共治の歴史と日本の自然宗教や文化について書き込む必要がある。「日本人は一級の歴史をつくってきた」（司馬）のだから、日本という国に先人たちが込めた思いを刻むことが重要である。

それが次世代にバトンを繋ぐことになる。それがないまま年月だけが虚しく過ぎていけば、そのうちどういう国なのか分からなくなるし、歪みも酷くなる。それが連鎖すれば国力は弱まり、没落国家になる危険性もある。今なら何とか間に合う。幸いにも、まだ国のかたちが残っているからだ。

第七章　『古事記』にまつわる諸問題の検討

『古事記』を正確に理解するためには、先入観にとらわれず『古事記』そのものと向き合う必要がある。しかし、現在出ている関連本のほとんどは、思い込みが先行してしまっている。

例えば、『古事記』は「天皇家の支配を正当化するためにまとめられた」（武光誠『古事記日本書紀を知る事典』東京堂出版、一九九九年）。「『古事記』の作成とは、系譜や事跡や物語の真偽を明らかにし、もって天皇支配の正統性を根拠づける試みにほかならなかった」（長谷川宏　前掲書）。「天皇家による支配の正統性を示す！『古事記』はいかにして生まれたのか」（『歴史道』No.27朝日社説出版、二〇二三年）。以上、傍点はすべて筆者であるが、『古事記』関連の書物や論文を紐解くと、このような「天皇支配」のオンパレードが見られる。

支配という言葉は感覚的な言葉であり、イデオロギー色の強い言葉なので、研究者はこういう言葉を安易に使うべきではないと思っている。実際に、「支配」を使った瞬間から思考が停止をすることになる。そもそも、権力支配が百代以上、少なく見積もっても千数百年以上にわたって続く訳がない。そのような国は世界中探しても見当たらない。何かそこには皇統が維持されるメカニズムがあるのではないかという問題意識のもと、本来はその解明に向けて頭を働かせるべきである。

セキュリティをかけた上で重要事項を次世代に伝えつつ、側近たちを納得させるような内容にするという三つのハードルを越えることとプラス、陰陽の原理を盛り込んだため、『古事記』はかなり綿密な計算が必要だったことが分かる。そういうことを直感的に分かっておられたのか、かつて神田秀夫氏は学会誌の『古事記年報』（昭和五十五年度）の編集後記に「古事記は多方面の研究を要する……」と書かれている。そのアドバイスを受けて私なりに様々な学問分野の成果を動員したつもりだ。そして、それと同時並行的に読んできた関連書籍や論文が、同じような傾向のものが量産されていることに気が付いた。一体これは何なのかという問題意識のもと調べていくと、二つの原因があることが分かった。

一つは、津田左右吉氏の戦前の記紀研究である。「記紀神話の研究を飛躍的におしすすめたのは、いうまでもなく津田左右吉」（直木孝次郎　前掲書）であり「戦後の歴史学者の多くは津田左右吉の説によっている」(梅原猛　前掲書)というのが学会関係者の共通認識のようなので、何に忖度をしているのかを探るため、彼の見解を検討する必要が出てきた。

もう一つは、帝国憲法の解釈問題である。これらが相乗効果のように作用し、『古事記』の正しき姿を伝えるのを阻みつつ、皇統の歴史の歪んだ解釈の原因となっている。帝国憲法の解釈問題は先に触れたので、津田左右吉氏の『古事記』研究を検証する。

津田左右吉氏の歴史実証主義を検証する

津田左右吉氏(一八七三〜一九六一)の著書『古事記及び日本書紀の研究』(毎日ワンズ、二〇一八年)の中に経歴が紹介されている。そこに中学校の教員として勤めながら歴史研究をし、早稲田大学文学部教授に就任。東京帝国大学の講師も兼任するが、いわゆる「津田事件」により学究活動が中断される。戦後、早稲田大学総長に選出されるも固辞、研究活動に没頭した生涯であった旨のことが書かれている。

「津田事件」というのは、津田氏の『古事記及び日本書紀の研究』等の書が発禁処分となり、皇室を冒涜《ぼうとく》するという罪を着せられた事件である。戦前は神話を分析する、あるいはそれをフィクション扱いするということが許されなかったのである。結局、起訴され一九四二年に禁固三か月（執行猶予）という判決が下されることになる。

それを聞くと、左翼的歴史観を戦前に説いた人と思われがちだが、元東大総長の南原繁氏は「博士はわれわれから見て保守的にすぎると思われるくらいに皇室の尊厳を説き、日本の伝統を高く評価された」（「津田左右吉博士のこと」）と、『古事記及び日本書紀の研究』の冒頭のあいさつの中で述べている。

実際に津田氏は「建国の事情と万世一系の思想」の中で、「国民自ら国家のすべてを主宰すべき現代においては、皇室は国民の皇室であり、天皇は『われらの天皇』であられる。『われらの天皇』はわれらが愛さねばならぬ」（同）とまで書いている。そういった立場の方ですら『古事記』を批判している。『古事記』というのはやはり問題がある書というかたちで、戦後において左翼陣営に利用されてきたことは確かである。

二〇一八年に『古事記及び日本書紀の研究』の復刻版が出版された。読み進めるのが簡単な書ではないと思われるが、五月に発行され一か月後の六月には三刷なので、根強い支持者がまだ多くいるのだろう。論文の中身は、『古事記』と『日本書紀』を実証的に比較検討する内容となっているのだが、『古事記』に対して「何故に事実をありのままに語らないで、ことさらに奇異の言をつくり設けて非合理な物語としたのであるか」（同上）と批判をしている。国が出した書物だから、確認された事実に基づいた話を書き込むのが基本、奇想天外な話の数々が続き、それが最後には現実世界と繋がっている、トンデモナイ書ということなのであろうが、見当違いの批判になっている。

映画監督は奇想天外な神代の話にいくつかのメッセージを入れ、アニメと実写の合成映画を作ったのだが、観客は記録映画と思い込んで観るようなものである。こんな馬鹿な話があるかと抗議されても、元々記録映画を作るつもりはなかったと監督から言われるだけである。どこで間違えたのかと言うと、映画を作成した製作スタッフの考えを知らなかったところにある。記録映画ではなく実写を織り込んだ創作アニメと聞いていれば、怒り出すことはなかったはずである。何を例えているかお分かりだと思うが、『古事記』を実証主義で理解しようとしても上手くいかないということである。神代の話も含めて、実証などできない話が多いのだから。

津田氏のミクロの歴史実証主義を検証する

実証主義で文章が書かれていると思って読み進めていくと、津田氏の奇妙な記述に出会う――「記紀を単純に比較して一般的の優劣論をしたり、またその諸説のいずれが正しいとか正しくないとかいったりするのは、まったく無意味なことである」（『古事記及び日本書紀の研究』）。津田氏が言いたいのは、「単純」な比較では駄目ということ。深く、細かく分析しなければいけないと言っている。

実際に、彼の論文は完全なミクロ視点である。少し長いが紹介する――「ヤマト平定以後の物語においても、記紀の間に一致しない点がある。ヒメタタライスズヒメ（神武天皇の皇后）の父を『古事記』にはオホモノヌシの神としてあるが、『日本書紀』にはコトシロヌシとなっていて、また『古事記』には『日本書紀』にない歌物語があって、その代わりに『日本書紀』には『古事記』にない国名説明の説話があり、系譜においても、皇子のヒコヤイの命が『古事記』にはあって『日本書紀』にはなく、『日本書紀』に見える論功行賞の話は『古事記』

にはない。またオホトモ氏とクメ部との関係が『古事記』と『日本書紀』とにおいて違っているし、……」。このような調子で、ミクロレベルの細かい比較論が延々と続く。

例えて言えば、ゾウとカバをバラバラに切り刻んで、頭や尻尾など、それぞれのパーツを細胞レベルで比較するようなものである。そのことによって、それぞれのパーツの違いやDNAの違いは確かに分かる。しかし、考察はそこで終わってしまうことになる。実際にパーツごとに分けて比較した結果、「一々の物語が実際に起こった事件の経過を記したものではない」ことが分かり、「『古事記』及びそれに応ずる部分の『日本書紀』の記載は、歴史ではなくして物語である」(同上)というのが結論である。つまり、パーツをよく調べてみたら、つくり物だということが分かったと言っている。であれば、誰が何のためにそれをつくったのかを解かなければいけないのだが、論文はそこには触れずに終わっている。

『古事記』はバラバラに切り刻まれることを想定していない。というのは、『古事記』は天皇家とその関係者限定の「秘密話」「内緒話」だからである。ある程度の限られた人たちがその原理を理解し、納得して、日本という国を安定的に経営してくれれば良いという発想で企画されたものなので、一般公開を想定していない。『古事記』は「宮廷の奥深くに隠されていた」（梅原猛 前掲書）秘密の書なのである。天皇とその周辺の関係者が読んで理解し、豪族たちは天皇家との繋がりを確認できれば、それで事足りると思っていたのである。

一方、『日本書紀』の方は特に中国を意識して書かれた日本の皇室史であり、歴史書である。時には史実を織り交ぜて、皇統については『古事記』と擦り合わせをしながら編年体で書かれている。津田氏も「『日本書紀』はすべてが甚だしくシナ化させられ、至るところシナ思想をもって潤色せられている」（同上）と評している。対外的な正式文書として刊行されたものだからである。両者はその製作意図、想定する読者対象者も全く異なっているので、比較して論ずることではないと思っている。

津田氏は「建国の事情と万世一系の思想」の中で「事実上の君主ともいうべき権力者に対しては、皇室は弱者の地位にあられたので、……（略）……それほどの弱者を皇室として尊重してきたことに、重大の意味があるといわねばならず、そこに皇室の精神的権威が示されていたのである」としている。弱者と言うのは、権力を持たないという意味であり、だからこそ精神的権威を示すことができたと言っている。

弱者ゆえに生き残り、強者ゆえに滅ぼされる。これはある意味、この世の真理なのかもしれない。ただ、単なる弱者では生き残れない。皇祖神の祭主という地位から派生する権威と、長く続いた皇統の継承者という権威によって権力者と雖も一歩退かざるを得なかった威厳と、さらには民衆の支持があったからこそ生き残れたのであろう。そのことを発見しながら、それが『古事記』に書き込まれていることになぜ彼は気が付かなかったのだろうか。先入観によって視界が遮られていたと思っている。

『古事記』の謎が解かれなかった根本的理由

「はじめに」で『古事記』の謎が解かれなかった理由を書いたが、そこに書いたことは表面的な理由である。本当の理由を書いて、学会関係者への問題提起としたいと思う。

日本には、忖度という言葉がある。これにぴったり対応する英単語はないそうだ。主に目上のその筋の権威者を立てる、慮《おもんぱか》るというような意味である。古代からの身分制社会が長く続く中で日本人が生みだした独特の言い回しであろう。忖度は時には美風となるが、学問分野においては基本的にはいらない。通説を乗り越えるところに学問の発展があるからだが、忖度が自然と働いて、『古事記』を別の角度から見ることを妨げていたのではないかと思っている。

なぜ、そのような考えに至ったのか。私の知る限りにおいて、『古事記』関連本は専ら『古事記』そのものを扱っているか、『日本書紀』との比較論のどちらかだからである。これは多分、先行研究者に敬意を表しているためだと思われる。前者の先行研究者は、本居宣長（『古事記伝』）であり、後者のそれは津田左右吉氏である。梅原猛氏は「戦前の記紀論は、おおむね本居宣長の説に支配され」「戦後の歴史学者の多くは津田左右吉の説によっている」（梅原猛前掲書）と言っている。

本居宣長（一七三〇～一八〇一）は三十数年の年月をかけて、『古事記』の解釈本である『古事記伝』を著した。彼の努力がなければ、恐らく誰も『古事記』を読むことができなかったであろうと言われている。学会もつくられ、現代人が『古事記』を読んで内容吟味ができるのは多分に本居宣長のお陰だと言われている。そのため梅原氏は「日本の古典を深く理解し、綿密な言葉の解釈によって『古事記』を明らかにしようとする偉大な学者」（同）と評価している。

津田氏の立ち位置は、記紀を比較検討するという点では本居宣長と同じである。違うのは、史実と照らし合わせた作業をしたことである。そのことと、戦時中に出版法違反により著書が発禁処分となった上に起訴までされたことで、軍事ファシズムに正面から立ち向かったというイメージが作られ、そこに戦後の左寄りの歴史家が注目したというのが、およそのところであろう。

津田氏は思想的には左寄りどころか、皇室を敬愛してやまない人であるが、そういう立場の方でも神話偽造説を唱えるくらい『古事記』は虚偽に満ちているという「利用」の仕方をされている。そうなると、歴史関連学会も『古事記』の内容は虚偽と烙印を押すのは当たり前のことであり、その次は、どこがどの程度虚偽で、史実を書いたところはどこなのかというミクロの視点から鵜の目鷹の目で『古事記』を視ることになる。

そして、教科書には「神話は、創世の神々と国生みをはじめとして、天孫降臨、神武天皇の『東征』、日本武尊の地方制圧などの物語が律令国家の立場から編まれており、そのまま史実とはいえない」（傍点筆者／『山川日本史』二〇一八年）と書かれることになる。「地方制圧」の物語ではない。「律令国家の立場から」という言葉が分かりにくいが、たぶん中央集権国家をつくるために地方を制圧した物語だと思い込んでいるのであろう。律令国家の捉え方も間違っている。どこかの時点で正確な記述に変更して欲しいと思っている。

そもそも、史実でないから神を登場させているのである。戦前は史実として教えろという指導があったので書かれていると思うのだが、終戦から四分の三世紀以上経った。必要のない注釈であろう。とにかく、史実かどうかという問題設定は、現在では無意味である。仮に部分的に史実の裏付けがなされたとしても、それは何の意味もなさない。

そういった観点ではなく、物語が生まれた時代背景と神話に盛り込まれたメッセージをマクロとミクロの視点から読み解くべきである。多面的な気付きがあれば、そこから新たなことが分かるかもしれない。学会は本来、そういう役割を担っているはずである。誰か偉大な先人の意見に右倣えをする意志統一学会では、存在意義がないと思っている。

日本通史学会の創設を

すべての学問は哲学より派生している。もともとは一つの問いから始まっている――「この世界は何なのか」。時代の進展の中で、人間と他の生き物は違うということから別々の研究体制がとられることになる。学問の誕生である。この様にして多くの学問分野が成立する。ただ、それらはあくまでも人間が便宜上分けたものであり、絶対的なものではない。分析という言葉があるように、現代は専門を細分化する流れがあり、そのことによってすべての問題が解決すると思っている節があるが、常にマクロとミクロの視点で立体的に見ることが重要である。実際に大宇宙の構造の解明のためには、素粒子レベルの世界の解明が必要と言われている。一見関係ないようだが、根底の部分で繋がっているからである。

前置きが長くなったが、歴史学も同じである。通史と専門分野の歴史、二つの視点が必要である。これは井沢元彦氏が指摘しているのだが、日本通史の専門家が一人もいないとのこと――「日本通史学という学問すらありません」（井沢『日本史集中講義』祥伝社、二〇〇四年）。それが歴史の関連学会にとってある意味、常識なのかもしれないが、マクロの視点を欠いた研究は二つの危険性がある。一つは、イデオロギーによる支配を受ける恐れがあるということ。狭い空間に蔓延《はびこ》るのがイデオロギーなので、ミクロの視点だけでは特定の価値観に染まる可能性が出てくる。実際にそれは『古事記』の読み込みで起きている。「天皇支配の日本」というイデオロギーに洗脳された状態で読めば、すべての物語が天皇支配の美化であり正当化と思ってしまい、結局、重要なメッセージを見逃すことになる。中には、そういう書であれば読むに値しないと思い、まったく無視をする研究者もいるだろう。実際に私自身、中学の歴史の教員から読まなくてもよいと教えられた。

二つ目は、研究の方向性を違《たが》える可能性が出てくるということである。天武の律令制導入を天皇親政の強化と捉えると、天皇が権力を奈良以降も保持したことになるのだが、自分の専門の範囲内では特に矛盾はないので、それで良しと思い込んでしまう危険性が多分にある。日本は一つの王朝が古代から現代まで連綿と続いている稀有の国である。その中心に皇統があったことは間違いないので、その皇統を支えたメカニズムとダイナミズムを権力の所在を含めて通史的に明らかにする必要がある。それが一つの基軸となり羅針盤となる。各専門分野はそれを絶えず意識して論理を組み立てる必要がある。

「戦後歴史学は、天皇制度維持システムの政治力学を、突きつめて考察することを放棄」（今谷明『室町の王権』中公新書、一九九〇年）してしまった、との指摘がある。なぜ、そうなったのか。答えは簡単である。古代から終戦まで「天皇支配」の歴史が続いたという思い込みを暗黙の合意にしているからである。その象徴的存在が実は『古事記』である。先に「天皇支配」のオンパレードと書いたが、その合意を踏まえているからである。そして、その合意に基づいて各部分史の専門分野の研究を繋ぎあわせれば立派な通史になるという考えがあるのだろうが、最初の前提が間違っている。歪んだ土台の上に家を建てるようなものである。各部屋は間取りもしっかりして調度品も入っているが、部屋全体が傾いている。そのダイジェスト版が日本史の検定教科書である。何のことはない。日本の子供達は傾いた歴史を学んでいるようなものである。当然アイデンティティの形成に影響を与えることになる。

閑話休題。実は歴史学の一番重要な役割であり使命は、その土台、つまり歴史事象の根底に流れる根源的なものを明らかにすることである。もちろん、それはマルクスの説いた法則ごときものではない。彼は土台が何であれ、同じ仕様の家が建つはずだと考えていたのだが、まず土台の分析が必要である。形状、地質、地盤の固さなど、その土地の性質が分かって初めてそれに見合った家を建てることができる。何を例えているか分かると思うが、どの国にもそれぞれ異なった事情がある。地理的条件、歴史的条件、社会的条件など、すべて違う。日本の特殊性がもつダイナミズムを探ることがまず必要である。それがないため、議論百出して収拾がつかない状態になっている。

「シラス・ウシハク」の統治原理を世界に

四方を荒海に囲まれていたため国防を考える必要がなかったという特殊の条件の下、「シラス・ウシハク」という独特の統治原理が生まれた。実は人類はこれ以外に統治原理を生み出してはいない。敢えて言えば王権神授説であるが、権力者を抑える仕組みが入っていない。そういう意味では、社会契約説も同じである。権利主体者の個人と国家との契約関係は語られてはいるものの、国家をコントロールする統治の原理が入っていない。国民に革命権を付与しているが、現実社会の中では有効に作用しないことは歴史が示すところである。ちなみに立憲主義というのは、一つの抑制原理なので統治原理とはなり得ない。そして、自由、平等、人権というのは抵抗の原理でもあり、調整原理なので、こちらも統治の原理に使うことはできない。

「シラス・ウシハク」の原理により千数百年間にわたって一つの王朝が日本列島で存続したことは確かである。その「シラス・ウシハク」はノーベル賞もののアイディアだと思うので、世界に発信すべきだと思っている。改めて、どのような仕組みだったのか、簡単に確認をする。

天武天皇の時代というのは、それぞれ地域の有力者たちが普通に縄張り争いをしていたと思われる。時代が経ち、外国にも使節を派遣できる位の政権となる。一方、地方には中央に反旗を翻すような有力者が何人かいた。そんな状況だったと思われる。地方の有力者とどう向き合うのか。大陸の発想は戦いである。天武は戦わないで、その地域のウシハクを許可するのである。許可して承認して、その有力者とネットワークを結ぶ。その時のキーワードがシラスである。ウシハクだけの一元統治を考えていると、いつまで経っても世の中は治まらない。現に、世界はウシハク合戦を未だにして多くの血が流れている。シラスとウシハクの次元を違《たが》えたことが重要なポイントである。

出雲神話はそれを実践した史実に基づいた話であろう。出雲大社が大国主神を祀っているからそれが分かる。「氏族が他氏族の神を祭ることは、他氏族の神の恵みを我がものとし、他氏族を支配することを意味する」（石田一良　前掲書）からである。神社そのものがヤマト政権の象徴であり、出雲大社に大国主が祀られているということは、出雲王朝はヤマト政権のシラスを受け入れたということである。それは即ち戦わなかったということである。『葬られた王朝』（梅原猛）と言っている方もいるが、滅ぼされた訳ではなく、その地のウシハクを任せられたのである。

要するに「シラス・ウシハク」というのは、戦乱なき世を実現するために、天武が考えた統治論である。別次元にシラス者を配し、統治者と共同で国を支えていく仕組みである。この「異次元統治」の考え方を「shirasu（governance of a different dimension）」という言葉と共に世界に発信すべきだと思っている。その効能は明治までの律令制の実践の中で証明済みだからである。そして、明治維新を機に中央集権制となり「シラス・ウシハク」を無くした途端に豹変した日本の姿が、いみじくも「shirasu」の有効性を証明することにもなった。

国内外に日本に対して不信感をもって見ている国や人々がまだ多くいる。日本そして天皇さらには皇統に対する正しい理解をもってもらうためにも、「shirasu」を全世界に向けて発信すべきだと考える。

世界は未だに領土に固執している国がある。ウシハク一元論で考えていると固執することになる。「shirasu」はトップが一段高い次元に立ち位置を変えることを求めている。ポジションの次元を上げる教えであるが、引き上げるだけで世界は平和に向かって収束していくはずである。なぜか、それが宇宙の原理だからである。

天武天皇――「日本」をグランドデザインした天皇

その深さ故に今まで誰もその真意を探ることができなかったほど、天武の問題意識は深遠であり、構想は壮大であった。日本という国家の恒久的平和と安定のために皇統を確立する必要性を認識し、そのための原理である「シラス・ウシハク」を編み出し、それを『古事記』に書き遺して後世に伝える努力をし、さらにその構想を現実化するために制度設計まで考えた。そしてそれだけではまだ不充分と考え、制度が機能するための「重し」として権威と宗教心という二つのことを考えた。なぜ、「重し」が必要なのか。人間は基本的に本能と欲望のまま勝手に動く生き物だからである。当時は力勝負の時代なので、行動を自制できるようにすることが重要だったのである。

まず権威であるが、それがなければ豪族・貴族といった側近の者たちの裏切りに遭ってしまう。天皇暗殺、宮家消滅、さらには未遂も含めて危険な事例を天武は散々見聞きしている。それらを防ぐために、神と初代の神武天皇を結び付けた上で何代にもわたる天皇家の系図をつくり、その神々についてもこの世界の始まりからの系図をつくった。そしてそれらを陰陽の原理をベースにして物語としてまとめ『古事記』の中に書き入れたのである。何のために。豪族・貴族に対して優位に立つためである。皇統に対してこれ以降、有無を言わせないという固い決意で『古事記』編纂に臨んだと思われる。

しかし、これだけでも安心できないので、宗教心を利用することを考えた。宗教心というのは、近親者や先祖の生前を偲ぶ具体的な行為の中で芽生えるものである。神をも恐れないような極悪人でも、先祖を敬う気持ちを持っている。自分の存在のルーツだからだ。その先祖神と皇室の先祖神とを結びつけることを考えた。そうすることによって彼らの現世でのポジションもまた認識され、それがひいては皇統の安定に繋がる。『古事記』には、彼らとの縁結びに関する記述が多くあるのは、そういった狙いがあるからである。

民の統治についても、天武は二重三重に「重し」を用意した。近い先祖と遠い先祖、さらには自然を神様に見立てて民に「重し」を乗せた。これらの「重し」はすべて見えないものであるが、説得性をもたせるために視覚化したのである。仏教と神道による視覚化を図る。近くの祖先には仏壇や墓で拝み、遠くの祖先は神となり自然に還るので神社でお詣りする。神社に森を併設すれば、民は自然保護を意識することになる。このような視覚化によって神によって包摂されている空間を意識させたのである。そして、その意識が途絶えないように、季節の節目で行事や祭りを催した。中心の伊勢神宮では式年遷宮の仕組みを採用した。共同体の集まり場所として神社が使われるようにするなど、常に身近な存在として意識させるようにしたのである。

現実に存在しないものをどう意識化させるか、大変難しいテーマである。難しいのは、「決定打」というものがないからである。大小様々なプログラムを組み合わせる中で意識されるものだからだ。宗教を意識的に統治の「手段」として使ったのであるが、そのような為政者は聖徳太子、天武天皇、そして徳川家康である。いずれも安定した社会を築いている。彼らは多分、唯物論的に統治すれば社会は荒れると思っていたのであろう。

能力がない者に限って力で押し切ろうとする。考え方が一元的なので、勝つか負けるかしか考えない。力は力を呼び、結局国土が荒れ果て民は疲弊し、後には何も残らなくなってしまう。負けるが勝ちという発想からシラスを導き出したのであろう。自分が一歩引くことによって国が繁栄するシステムを考えた。そのお陰で少なくとも幕末まで、日本の歴史は安定的に推移する。

そして皮肉にも現在は世界も日本もウシハクが横行している。これでは、人も自然も破壊されてしまう。要するに、「重し」がなく自分たちの利害で行動するからである。こう書くと、世界には一神教による「重し」があるのではと思うかもしれない。天武は古代の日本においてすら二重の縛りをかけた。科学文明が発達し欲望が渦巻く現代において、一通りの縛りでは効果は薄いと思っている。というのは、欲望は文明度に比例して増幅するからである。実際に、「神よ我らに正義を」と言いながら人を殺している。日本国内の「重し」も軽くなっている。一昔前には起きなかった変な事件や不正が頻繁に起こるようになったのは、そのためである。

閑話休題。要するに、人と自然をどう守るかということである。法を制定して権力によって守る。現代政治の発想であるが、民と法の「いたちごっこ」になり、結局、法や権力の間隙を縫って常に大小の犯罪が発生し続けることになる。現実にそのような「いたちごっこ」が繰り返され、肝心の自然は破壊され続けていく。自然の前に神は無力である。神に祈っても自然災害は止まらない。これが二十一世紀の文明社会のレベルである。天武の考えたシステムの方が合理的でレベルが高い。

彼は人間をいかにコントロールするかを考えた。それができなければ社会は安定しないし、自然保護もおぼつかない。コントロールする方法を天武が示している。力と宗教心、目に見えるものと見えないもの、まさに陰と陽である。その二つを上手く組みあわせて使う。人は宗教心を無くした途端にサルになるし、時には猛獣になる。当然、犯罪も増える。宗教の信者を増やせということではない。宗教的雰囲気をつくるということである。そのために家庭内に仏壇と神棚を用意させ、地域に寺社を設置した。それらによって宗教心を醸成し、自然を保護し、かよわき善良な人々を守れというのが天武の教えである。

天武天皇を評価する声をほとんど聞かない。当時の時代において、透徹した目で宇宙と国家と人間を分析し、日本という国を最初にデザインし、それを後世に伝える努力をした人である。彼の事績について、公平な観点から正しく評価をして欲しいと思っている。歴史関連学会の方々へのお願いである。

第八章　日本のアイデンティティを探究する

かつてはアイデンティティを自我同一性と翻訳することが多かったが、最近は原語を使うことが多い。意味は日本語訳を見ればおよそ見当が付くと思うが、他人も認める自分の特性・特徴である。「他人も認める」がミソなので、自分だけ勝手に思い込むのは駄目である。

個人にとっても、国や会社といった組織にとっても、アイデンティティの確立が極めて重要である。個人も国もアイデンティティに従って「設計図」を描けば道が開けるからである。それを考えずに航海に出れば大海原を彷徨《さまよ》う確率が高い。人の場合は、アイデンティティの喪失は自殺の原因ともなる。高級品をウリにしていた企業が安価路線に切り替えた途端に行き詰まった。個人にとっても法人にとっても重要なものであり、いかに確立するかが大事である。目標を立てることが大事と人は言うが、アイデンティティが確立されないまま立てても上手くいかない。将棋少年が大リーグを目指しても上手くはいかないからだ。それは国も同じである。活躍するためには、アイデンティティが何なのかをまず深く認識する必要がある。

『古事記』神話には、日本のアイデンティティが凝縮したかたちで入っている。先にも紹介したが、改めて話題にしたい。

(i)「シラス・ウシハク」の二元統治。

(ii) 地方分権統治。

(iii) 武器を持っても良いが、戦うな。戦う場合は相手の武器を狙え。

(iv) 重要な場面では知恵者を入れて多面的に話し合え。

(i)と(ii)は相互に関連していて、全体のベースになっているのが陰陽の原理である。

明治維新期から敗戦まで、見事なくらいアイデンティティを無視した施策を行ったことが分かる。最終的に何百万人という多くの人命と国家としての信用を失い、国民はドン底に突き落とされてしまった。なぜ、こんなことになってしまったのか。当時、誰もが自問自答したのではないだろうか。簡単に言えば、将棋少年が大リーグを目指したからである。

自分らしい人生という言い方があるように、日本の国にふさわしい生き筋がある。温故知新の精神を忘れ、西洋近代社会をモデルにした社会を目指し、帝国主義的施策を採用した。民衆弾圧の歴史がなかった国で治安警察法、治安維持法の弾圧法規を制定して、国内の統制を進め戦争に向かってばく進した。戦争終盤では学徒動員を行い、未来ある若者を特攻隊として編成するなど常軌を逸した対応をした。「おおみたから」の民を鉄砲の弾のように使ったのである。「安らかに眠って下さい。過ちは繰返しませぬから」の言葉が原爆戦没者慰霊碑に刻まれている。どのような過ちなのか。先人の築いた伝統の道を無視して、西洋の近代国家を模倣した国づくりをして帝国主義・軍国主義路線を歩んだという過ちである。その挙句の惨状と理解すべきであろう。

敗戦の後、連合国との講和が終わり、国連にも加盟した。ただ、それはあくまでも国際的な手続き法をクリアしたに過ぎない。陰陽の原理で言えば、「陰」が終わり、まだ肝心の「陽」が残っている。友好国の中にも未だに日本が再び暴発するかもしれないと見ている国があると思っている。日本がどのような国づくりをしたいのかが今一歩分からないし、実際に明確になっていないからだ。平和国家への歩みを始めたと言う人がいるかもしれないが、他国からもらった条文をそのまま掲げるような国を世界は信用しない。世界から真《まこと》の信用を回復するためにも、アイデンティティに従った国づくりをする必要がある。それについて、様々な角度から探究を試みた。

「国は物語の上に築かれるもの」

『サピエンス全史』の著者のユヴァル・ノア・ハラリ氏が「国というものは、突き詰めて言うと、物語の上に築かれるもの」と言っている。より多くの人が共感する物語を作る必要があるということであろう。仮に、夢物語のような内容であったとしても、説得性と共感性があれば、その国の民が物語の実現に協力するであろう。多くの協力が得られれば、国づくりの過程において国がまとまり、夢と思われたことでも実現するのではないか、ということである。

『古事記』プロジェクトを発案した天武天皇が考えたことは一種の夢物語である。天武は内外共に激動の時代の中、国の安定をひたすら願っていたのであろう。そのためには、皇統を軸に据えての物語をつくる。その物語に理があり周囲の者が納得すれば、その歴史を繋いでくれると思ったであろう。日本という国の物語をつくって見せる、そういう確固たる決意の下、始められた国家プロジェクトだったのである。

例えば隣の韓国の場合を見てみると、戦後日本の敗戦によって半島の北はソ連、南はアメリカが占領することとなり、アメリカの占領地域に韓国が建国された。国号の大韓民国が決まったのは、一九四八年の総選挙の後であるが、韓国の憲法の前文には国の始まりを一九一九年の三・一独立運動によって建立された大韓民国臨時政府としている。それが史実かどうかは余り重要ではない。朝鮮併合下において民族独立のことを考え、行動していた人たちがすでにいて、その努力が戦後実ったというドラマ仕立てにした方が感動的であり、多くの人の共感を生みやすい。

歴史のあるなしに関係なく、人は建国のドラマを求めるものである。なぜなのか。美しいドラマであれば、国民は多くの人と夢を重ねることができるからだ。建国の理念、つまり国のアイデンティティと自分の未来、さらには家族の未来を重ね合わせることができれば、それは喜びであり生きる力ともなる。

史実を重ね合わせても、そこからドラマは生まれない。歴史の教科書をいくら読んでも何の感情も湧き起こらないのは、そのためである。歴史小説は史実を織り込みながら、主人公の気持ちに寄り添って書かれているので、時には心揺さぶられることがある。違いは、中心となる人物と物語の中心線があるかないかである。史実の積み重ねでは、心は分散的になるだけである。そういうもので国民の気持ちを束ねることはできない。

ただ、建国のドラマと言っても、日本のように歴史ある国の始まりをどうするかが難しい。その因果を元まで辿ることは不可能である。仮に辿ることが出来たとして、それを表記したとしても、そこから何の感情も感動も湧き起こらない。それでは、何の意味もない。

『古事記』には、天皇のあり方と陰陽の原理などを、物語の展開と登場人物の個性を織り込みながら描かれている。読んだ人がそれを理解し納得し、求められた方向で国づくりをして欲しい、周りの豪族はそれに協力して欲しいと天武は思ったであろう。言ってみれば、指導者にとっての導きの書という位置付けだったのである。一般的な歴史の記録書ではないので、客観性だけを求めた訳ではない。天皇家に関わる人たちが読んで理解をして、安定的な国内統治に結び付けてくれれば、それで良いと思っていたはずである。

これからの天皇は天照大御神のようにあるべき、というのが『古事記』の重要なメッセージの一つである。なぜ、女性を最高神としたのかと疑問を投げかける人がいるが、陰陽の原理に因《よ》っている。陰がアマテラスで陽が天之御中主という捉え方である。アマテラスにエネルギーを与える存在が、宇宙の根源の天之御中主である。陰は常に前面に出てきて、受け止める存在。そして、アマテラスは人間界に対しては陽となり、シラス者に対してエネルギーを送る立場になる。そしてシラス者の天皇は国民に対してエネルギーを送ることになる。

宇宙の原理を含めて、天皇のあり方を歴史実証主義で書くことは不可能である。『古事記』は、そのような考えのもと、神と人間、正確に言うと神と天皇を結び付けるために作られた物語である。なぜ、結び付ける必要があったのか。結び付けることによって天皇が皇祖神に対する祭礼ができる地位となり、そのことによって権威が高まり、周辺の人たちに国の中心軸であることを認識させることができるからである。中心軸がブレずに存続すれば、日本という国は安定的に推移するはずである。そんな考えが込められているのである。

「自国の神話や歴史を学ばなくなった民族は百年以内に必ず滅びる」

「自国の神話や歴史を学ばなくなった民族は百年以内に必ず滅びる」。アーノルド・トインビーの有名な言葉である。どの国も「非合理」で美しき建国神話がある。その国の原点であり、アイデンティティが凝縮されているからだ。『古事記』が編纂された時代は、ほんの一握りの人がその内容を理解していれば良かったし、そのように天武は考えていたはずである。ところが、時代が経ち本居宣長をはじめ先人たちの努力により、『古事記』を一般の人が手軽に読めるようになった。であれば内容と共に、そこに込められた先人の思いや考えなどを、正確に国民に伝える必要がある。ところが、そのメッセージがほとんどまったくと言って良いほど、伝わっていない。それどころか、誹謗、中傷の類の雑音が多く聞かれるあり様である。『古事記学会』という歴史ある研究団体があるが、研究だけではなく、国民に対して『古事記』の正しい姿を啓蒙して欲しいし、子供たちが神話を学べるような環境づくりのために活動して欲しいと思っている。

『神話の力』（早川書房、一九九六年）の中で著者のキャンベルは、神話は四つの機能を果たすと言っている。一つ目は、神秘的な役割。「宇宙がどんなにすばらしいものか、自分がどんなに不思議なものかを自覚し、この神秘の前で畏怖の念を抱くこと」としている。『古事記』の自然観・宇宙観については二章で述べたが、そのすべてが科学的に解明された訳ではない。古代人たちが透徹した心眼によって辿り着いた法則や原理は、現代の宇宙論や原子論においても、役立つ視点があるのではないかと思っている。我々は文明の進展と共に人間のレベルも上がると思いがちだが、それは大いなる錯覚であり誤解である。現代人は様々な常識や情報に目を曇らされていると思っている。

『古事記』は、自然の中から神も人間も生まれたとする考え方を披歴している。自然と神は一体であるとする自然神の考え方が、神道の大元の考え方である。それが人間の生きる原点であり、出発点である。人は自然を乗り越えようとしてはいけないし、それは無理である。神ですら自然の中から生まれた。そのため神も自然の前では無力である。自然をコントロールしようとすれば、必ず仕返しされる。自然が生み出したすべてのものを敬い、自然の法則やリズムに従って生きることが求められる。異常気象に苦しめられる時代となった。自然を支配しようという人類の驕りが招いた疫災であろう。『古事記』が語る自然第一主義の考え方こそ、世界の民を救う考え方だと思っている。

二つ目は、宇宙論的な次元、科学が関わる次元を示してくれると言う。これについても、二章で示した。現実世界という言葉がある。その現実世界は、科学の発展により確実に広がっている。かつては見えるもの、聞こえるものだけが現実世界と考えられていた。実は人間の感覚で捉えられる世界と言うのは、現実世界のほんのわずかな部分だけということが最近になって分かってきた。道程《みちのり》はまだ遥かという状況であるが、その範囲は確実に広がっている。人が頭で考えていることは必ず実現できると言われている。アインシュタインは特殊相対性理論を頭の中で組み立てた。異次元世界を現実世界と呼ぶ日が来るかもしれない。

三つ目は社会的な機能。ある種の秩序を与え、それに妥当性を与えるという機能である。人間には欲望があり、それが全面に出て来るような社会では混乱しかないし、場合によっては破局が待っている。

偉大な神が自然と人間を作った、あるいは自然が神と人間を作ったという物語を作れば、自然と人間は守られると先人は考えたのである。どの国にも神話があるのは、それを子孫に語り継いで、人間と環境を守ろうとしたからであろう。神話は非科学的と言って批判する人がいるが、人類の叡智が生み出した生き残りのためのツールである。先入観まみれでその意味を考えようともしない人が増えれば、伝承が止まってしまい自然と人間に対しての攻撃が始まることになる。それは人類滅亡への第一歩とトインビーは言っているのである。日本にも自然を敵視・破壊する人が現れ始めた。現代はまさに分岐点にある。

四つ目は教育的機能である。人間の教育というのは、二つの側面がある。一つは、社会生活を送るための知識を教える側面。もう一つは、人の心をもった個性ある人格者として育てる側面である。二〇二一年にユネスコが二〇五〇年までの教育の方向性として掲げたコンセプトが「learning to become」である。直訳すれば「なることを学ぶ」となる。人間としてどう生きて、どうあるべきなのか。そのために学ぶということであろう。日本人は学びに目が向きがちだが、自分探しの方がはるかに重要である。「二つの側面」と書いたが、その二つは有機的に結合させて考える必要がある。そのような教育が世界的に求められる時代である。国のアイデンティティを理解し、そこに自分の人生を重ねるために学習する。『古事記』はその一助となるであろう。

律令社会が多彩な文化を生み出す

文明と文化の違いは何なのか。文明は普遍性があり、文化には普遍性はなく、あくまでも個別的なものである。国・地域、民族に関係なく理解でき、使用することができるというのが普遍性である。四大文明というのがある。紙や印刷、文字といったものを生み出した。それらは普遍性をもつため、その技術や仕組みが他地域でも使われるようになる。普遍性があるため数的には多くはないし、一人の天才によって生み出されることもある。

一方の文化は、普遍性も汎用性もないので、それを生み出した国・地域特有のものである。日本文明という人がいるが、日本が生み出したものは独自性が強く普遍性はあまりない。日本文化と言うべきであろう。文化が成立するためには、ある一定程度のそれを支持する集団が一定期間それを継続的に使う必要がある。そして文化の定着には、人間集団の緊密性やその母集団のリーダーの態様、さらには国と社会の対応の三条件をクリアすることが必要である。

日本文化――言葉と宗教関係だけでも多彩である。母音文化、表意文字（漢字）と表音文字（ひらがな、カタカナ）の両方を使い、文章も縦書きと横書きを使う。神社神道、神仏習合。生活関連では、日本建築、日本庭園。畳、襖《ふすま》、タンスといった独特の調度品。着物、足袋《たび》、浴衣、帯、扇子などを身に付け茶碗を持って箸を使って食べる。華道、書道、茶道、柔道、剣道など。「道」は美や生き方を追究するという意味。その他相撲や歌舞伎、能、狂言、浄瑠璃、琴、三味線、尺八、和歌、俳句、川柳、将棋など。さらに地方には独特の食文化や祭りがある。これ以外にまだ多くあるが、すべて日本文化の中身である。これらは律令の時代の約千百年間に先人たちが生み出したものである。これらの文化のルーツと定着の足取りを探る中で古代の飛鳥時代から始まる律令時代の別の側面が見えてくると思っている。天皇支配による中央集権社会という都市伝説のような歴史観に立っていると、こういった多彩な文化がなぜ生まれたのか説明がつかないと思っている。

「日本は世界で一番最後まで残った『秘境』であり、チベットなどよりもっと理解しにくい奥底の深い社会構造をもっているとみなされる。一民族で、一言語で、一国家を成しているという点に、わが国の統一性と持続性が著しいが、特に『民族』と『国民』とがピッタリ重複しているのは、多民族・多言語の複合国家の多い現代世界の中で、実に驚くべきことであるといってよい」（勝部真長『日本思想の分水嶺』勁草書房、一九七八年）。「秘境」の種明かしは列島を挟む二つの荒海にある。その閉ざされた空間に長年にわたって独特の日本文化が刻み込まれたということである。

独特の空間は必要だが、それだけで文化が生まれる訳ではない。その空間は比較的狭い方が生まれやすく、生まれた後は国レベルのネットワークと民衆の肯定的支持という条件が揃わなければ定着しない。

日本文化を総体として見た場合、自然との融合というテーマが見えてくる。一つの方向性があるということは、発信元があるということ。各地方の豪族・領主は中央の貴族や官僚との間のネットワークがあるはずなので、地方で生まれた文化が中央に紹介され、そこから他の地方へと伝播していったのではないかと考えられる。重要な役割を果たしたのが地方の豪族・領主・武将たちである。彼らの眼差しは民衆に対して優しかったのではないかと思っている。というのは、日本人の城を見る目が温かいからである。弾圧の象徴ではなく、地域の誇りのような受け止め方をしている。皇居が江戸城にあることに違和感をもつ人はいない。律令社会がそのネットワークを駆使して多彩な文化を生みだしたと考えている。

ところが、明治維新以降に日本文化を生みだすルートを切断してしまった――「われわれが持続してきた文化というのは弥生式時代に出発して室町で開花し、江戸期で固定して、明治後、崩壊をつづけ、昭和40年前後にほぼほろびた」

（司馬遼太郎『街道をゆく―南伊予・西土佐の道』朝日新聞出版、二〇〇八年）。ベクトルの向きが逆になっているため、今の日本社会は文化を生み出す力が弱くなっている。体軸が歪んでいるため、国民的文化が生まれにくくなっている。先人の説いた原理を見つめ直す時代である。

日本は家族主義的国家観の国

日本は古来より家族主義的国家観のもと、国づくりをしてきたのだが、そこに明治以降、大陸から個人主義が流入する。現在の日本国憲法は個人主義を採用しているが、両者は感覚の上でも、価値観の点からも対照的な考え方である。

試しに「あなたにとって隣人とは」と誰かに聞いてみて欲しい。自問自答でも構わないが、日本人は家族以外の人と答えるであろう。最近は少し怪しいが、家族は内輪というのが日本人の感覚である。西洋人は自分以外の人と答える人が多いと思う。家族も含めて自分以外はすべて隣人なので、疑う存在と捉える。だからキリスト教の「隣人愛」の教えが出て来た。「人間は人間に対して狼」（ホッブズ）なので常に疑いの心を持つ必要があるが、場合によっては愛を与えることが大事と説いたのである。

　愛で満ち溢れていたならば、誰もイエスの教えに耳を傾けなかっただろう。猜疑心が蔓延していたと思われる。そのため、何か約束をする場合は人を信じないで、契約によってあらかじめ決めておく必要があるという考え方が定着する。自由、権利、平等、権力分立――これらは性悪説がはびこる社会において国民を守るために考えられた抵抗の原理であり手段なので、本来的に目標にすべきものではない。つまり、それらは対立状況が生じた時に判断するための指標にすぎない。勘違いをしないようにする必要がある。

　日本における人間観は性善説である。農耕定住生活が上手くいくためには、家族の役割分担に基づく働きが必要である。お互いを信頼することによって家族の和は強固なものとなり、生産力も上がる。そして、農業にとって大事なのはムラ全体のチームワークである。田植え、稲刈りなど水を入れるタイミングなども含めて周りとの協調性が求められる作業である。共に仕事をすれば信頼関係は培われていく。このムラを有力者が束ね、その有力者をクニの指導者がまとめるという構図だったのである。聖徳太子が「和」を強調したのは、そのような国家の設計図が念頭にあったからであろう。

そのムラを組織することを考え、六七〇年に日本最初の戸籍である庚午年《こうごねん》籍《じゃく》を作成したのが天智天皇である。班田収授や兵役の際の基礎台帳が欲しかったのであろう。庚午年籍そのものは発見されていないが、東北以北を除いて全国的規模のものだったとされている。ただ、当時の庶民は姓も氏も無縁な世界で生きていた。戸籍登録の必要性から、そのタイミングで姓を「中国的な父系出自集団の原理によって、父系の子孫に一律に継承させることとした。……奈良時代の中ごろまでには、賤民をのぞくすべての良民は、姓をつけられた」（吉田孝　前掲書）のである。七二一年に作成された下総国の戸籍が遺されている（『日本生活文化史2』河出書房新社）が、姓が家族の「看板」となり目印となっている。

しかし、天武はこれだけでは家族をまとめるには弱いと考えたのであろう。家族の崩壊が地域の崩壊、さらには国家の崩壊に繋がる。神道をベースに次のことを考える。一つには家族と宗教心・信仰心を結び付けることである。近くの祖先と仏様、遠くの祖先を神様として祈るようにさせた。家の中に神棚と仏壇を置くスタイルは、この時代につくられている。そして、それを地域に広め定着させるために各地に神社が造営され、年の節目に神に感謝する祭りが自然発生的に営まれるようになる。二つ目は、家族の祖先と自然を結び付けた。人は死後多くの年月を経て神となり、自然の山河に還っていくと考えた。そうすれば、自然も保護され、祖先を偲ぶことによって家族の絆も深まると考えたのである。

神道は開祖がいないし経典もない。この日本という地に自然発生的に生まれたものであるが、天武は統治のため、天下泰平の世をつくるため、意識的に神社を造営している。難しい教義がないので、幼い子供でもお参りができる。そして家族で思い立った時にいつでもお参りができ、祭りなどの行事に参加できる。時には地域の人々を丸ごと宗教的雰囲気の中に包み込むこともできる。地域の紐帯《ちゅうたい》の役割を神道に期待していたし、そういったことが重要と考えたのである。

そして、これは家族とは直接に関係のない措置であるが、ムラの家々と有力者、豪族や貴族の社会の階位制度が「縦糸」の役割をした。今までのものが横の繋がりだとすると、縦に繋ぐ役割を担ったのである。警察がない時代である。力任せに振る舞う人間が多くいれば、社会は簡単に崩れてしまう。階級と階位の序列をお互いに尊重するようにしたのである。

日本では、名前ではなく「社長」「部長」「チーフ」と役職名で呼び合うという他の国にはない慣例が残っている。これは古の時代につくられた〝伝統〟ではないかと思っている。縦糸と横糸によって織物ができるように、「二種類の糸」によって安定した社会が誕生する。一度纏《まと》めてしまえば、天皇はその統治された社会の上に乗っかっていれば良いので、それこそ幼帝でも務まったのである。日本社会の特性を踏まえた上で、人間の行動パターンを読み、精緻な制度設計がなされたことが分かる。

日本の自然主義が地球を救う

ＮＨＫの毎週日曜日の「さわやか自然百景」は二十年以上続いている長寿番組であり、平均視聴率が十～十五パーセントという人気番組である。日本はアニミズム（精霊崇拝）の国、つまり自然神の国であるが、それを象徴するような番組になっている。

屋久島や知床など、世界遺産として登録されているものが五件あるが、それ以外にも国内には先人たちが守ってきた自然遺産が数えきれないほど多くある。

自然に対する愛着心やこだわりは先人から受け継いできたものであろう。日本人は自然との共生を有史以来図ってきたが、それを日本のアイデンティティとして自覚すると共に、理念と方法について世界に発信をしていく務めがあると思っている。というのは、これからの時代は自然環境をいかに守るか、という考えが今まで以上に重要だからである。

環境破壊ということが世界的に話題になっているが、西洋の自然観が環境を破壊してきたことは間違いない。英語のカルチャー（culture／文化、耕す）には大陸の人たちの自然観がよく表れている。自然を耕す、つまり改良することによって、文化や文明が生まれるという考え方がそこに込められている。自然は人間がつくる近代社会に対して、敵対的な立ち位置にあると捉えるのである。目の前に森があれば、それを切り倒し、そこに人工的な都市を幾何学的につくっていくというのが彼らの発想である。パリのベルサイユ宮殿では、品種改良されたバラを左右対称に配置している。まるで、人間の手が入ったことを自慢げに誇っているようだ。城壁も人工的に造った立方体のレンガが積み上げられている。

日本人の自然に対するアプローチの仕方を見ると、畏敬を感じながら接していることが分かる。自然美、自然色という言葉があるが、自然の捉え方が日本と西洋では対照的である。この感覚が自然保護にとって大事である。世界の自然保護のため、環境に優しい商品開発だけでなく、啓蒙、教育といった部分についても日本の自然に対する考え方を世界に向けて発信できればと思う。

自然との共生を図るという、日本人の自然観が一番よく分かるのが日本庭園だろう。西洋庭園とは逆発想である。いかに人の手が入っていないように見せるのかが腕の見せ所である。石垣や盆栽も同じである。自然の素材を最大限に生かす工夫が見られる。自然との共生が、日本人のＤＮＡの中に刻み込まれているのである。

神社と書いて「もり」と読むことがある。森には神様がいて、生命の源を生み出す地という考え方である。その湧き水は多くの栄養分を含むため、周りの草花が育ち、それを目当てにして虫や鳥たちが集まる。湧き水はやがて川に流れ込むと周辺の作物を実らせ、川には魚が生息するようになる。最後は海に流れてプランクトンが好む栄養素となり、そのため多くの魚が沿岸に集まって来る。ただ、このような森の機能の科学的解明はここ最近だが、縄文時代には感覚的にそのメカニズムに気が付いていたのではないかと思う。縄文後期には、自然宗教のようなものがすでに成立している。森を子々孫々まで遺すために自然発生的に生まれたのであろう。

森も含めて周辺の土地を区切った上で祠《ほこら》を建てて神様を祀る。そこは誰もが入って利用することができる、時には集うための公的な空間として保持していく。そうすれば人々はその空間にあるものをそのまま後世に伝えようとするだろう、と考えたと思われる。自然の風景を見て厳かな感じを抱いたり、木を切ることに罪悪感をもったりするのは、日本人の中に流れるＤＮＡのなせる業であろう。日本では生活のために樹を切ることはあったが、必ず植林をして地域の森を里山としてムラ全体で守る努力をした。日本に来る外国人が、緑の多さに驚くということを聞いたことがある。肥沃な土壌と温暖多雨の気候に恵まれたということもあるが、古来より日本人が意識して緑を守ってきたのである。

環境問題で一番重要な視点は、自然との共生を各国がどの程度真剣に取り組むのか、ということである。自然を最も破壊しているのは、人類であることを深く自覚する必要がある。人間そのものが多くのCO_2を排出している。生命は母なる大地から生まれるが、その営みは無条件ではない。豊かな自然の大地を維持するための努力が、世界規模で求められる時代である。それが出来なければ、人類は自然から大きな反撃に遭うことになるからだ。

地方分権教育が日本発展のカギを握る

地方分権が日本のかたちでありアイデンティティなので、教育も本来的に地方分権教育にすべきである。今の中央集権的な教育に未来はない。憲法は八章に「地方自治」を設け、教育基本法には「地方公共団体は、その地域における教育の振興を図るため、その実情に応じた教育に関する施策を策定し、実施しなければならない」（十六条）としており、法的にはクリアされている。各自治体には教育委員会があるので、制度的な準備も整っている。しかし、文科省が決断をしていないというか、問題意識をもっている政治家が少なすぎる。文科省が教育課程編成権を地方自治体に移管するだけで地方分権教育がスタートできるのだが、何らかの理由で踏み切れていない。

教育の地方分権は現代の先進国では半ば常識だと思われる。実際にアメリカやドイツは、州に教育権限を付与しているので、教育課程は州によって違うし、教科書も当然違う。辞書のようにぶ厚い教科書を使う州もあれば、薄い教科書を使う州もある。日本は検定教科書制度を採用しているが、それに費用と人材を充てる時代ではない。例えば、ポール・ケネディの『大国の興亡』や百田尚樹氏の『日本国紀』を使って授業をしても良い。それでは具合が悪いというのであれば、教科書候補本を各出版社から推薦してもらい、その中から文科省が百冊位を指定して、教育委員会あるいは現場が子供たちの状況を判断して、そこから自由に選ぶようにすれば良い。隣国との教科書問題も起きなくなる。教員養成制度さえしっかりしていれば、教科書は基本的に何を使っても大丈夫であるが、日本は逆をやってしまっている。コーチをきちんと養成しないで、バットとグローブにこだわっているようなものである。

日本は江戸時代に地方分権教育の経験がある。各藩が独自のカリキュラムのもと、多彩な人材を育成した時代であった。自治体が必要とする人材は、その自治体が育成する。そのための教育は、その自治体が責任をもって行う。国・文科省はそれを予算などで支援する。地方も活性化するだろう。それが日本のアイデンティティを取り戻す一番の道である。

現在の日本の教育は、原理的にも制度的にも理に適っていない。これでは自由競争社会を勝ち抜く人材を育成することはできない。現状を一言で言うと社会主義的な中央集権の硬直的な教育行政である。全国一律で同じような検定教科書を使って、同じような教育課程のもとで勉強する。このような「金太郎飴」教育が通用するのは、工業社会の段階までである。

しかも構造的に問題なのは、文科省の行っている諮問行政である。官僚の多くは教員免許を持っていないので、中央教育審議会や教育課程審議会から出される答申に基づいて教育行政が行われる。ただ、審議会委員の方たちは教育学の専門家や有識者ではあるが、現場経験者はほとんどおらず、やはり教員免許を持っていない人が多い。要するに、栄養学を学んだ人たちが料理店のメニューを考えているようなものである。定番メニューの時代ならいざ知らず、多彩な味付けを求めている現代の客は離れていく。不登校が増えるのは、そういった構造的な問題が絡んでいると思っている。

文明社会の進展に伴って、競争は激しさを増すことになる。モノづくりだけを考えている時代ではない。情報やデータ操作などが価値を生む時代となった。経済を国会で連呼した首相がいたが、教育、つまり人づくりが上手くいかなければ経済は発展しない、人材こそが価値の源泉だからである。日本の競争力が長期低落傾向にあるのは、義務教育を含め、人材育成の態勢がきちんと考えられていないからである。時代の流れを踏まえて多彩な人材をいかに輩出するか、そのことを義務教育の段階から考えなければいけない時代である。

どのようなことを考えなければいけないのか。第一にアイデンティティの確立である。一昔前までは必要のない概念であっただろう。生まれによって人生がある程度決まっていたからだ。「現代人は自由の刑に処せられている」と言ったのは実存主義者のサルトル（一九〇五〜八〇）であるが、自由があり過ぎて逆に悩む時代である。だからこそ、アイデンティティが重要なテーマにならざるを得ない。

アイデンティティは人間関係が密であればあるほど確立しやすい。地域が崩壊する中で人間関係が稀薄となり、その喪失が叫ばれるようになった。それが確立しないと、人は生き甲斐をなくし、自殺を考えるようになる。近年、自殺や登校拒否が増えているのは、根底にそういったことがあるからだろう。

日本はG7各国と比べて若者の自殺率が高い。小中校生の生徒数が減っているのに、自殺者数はむしろ増える傾向にある。二〇二二年は、過去最高の五一二人を記録した。衣食住が足りた日本で年間五百人位の子供たちが自ら命を絶っている現実に対して、あまり問題意識が持たれていないが、アイデンティティに焦点を当てた教育をしていないからである。

第二は「頂点」を意識的に引き上げる態勢である。科学技術や研究分野というのは、最先端の人材をいかに多く育てるかが重要である。特異な才能をもった子供たちが多く埋もれている可能性がある。スポーツや芸能関係で多くの異才が巣立っている。ということは、学問関係でもいるはずである。そういった人材を発掘して、育てるためのシステムをつくることが大事である。

英才教育を採り入れる自治体や学校があっても良いだろうし、スポーツエリートの養成、芸術家の養成、水産業、酪農業、林業、加工業など、地域や学校ごとにその多彩さを競うようになれば、自ずと多様な人材が社会に巣立っていくことになる。そのためにも教育課程編成権を自治体に与える必要がある。地域の子供たちの実情と実態に合わせて、カリキュラムを組んだり、時にはフリースクールを併設したりしても構わないのではと思う。十代でプロスポーツ等の道を歩んでいる子にとっては有難いだろうし、交流のプログラムを組んで他の生徒に刺激を与えることもできるだろう。

憲法二六条に教育を受ける権利の規定がある。その条文の意義は、学習の主体が子供の側にあるということである。であるならば、様々な教育が全国的に用意されている態勢が作られるように国・文科省はマネージメントする必要が本来的にあるということである。全国一律どこにいっても同じ教育という時代ではないということである。

不登校が現在二十九万人（二〇二三年）であるが、元を辿れば一九八〇年頃の「ゆとり」教育という名の「ゆるみ」教育が原因である。全国一斉に公立学校は五日制となった。五日制というのは文部官僚が空想的に考えた理想論なので、現実社会の中で通用する訳がない。その頃から、不登校が出始める。五日制ということは、必ず連休になるということである。ただでさえ生活のリズムが乱れがちな世代である。大人ですら連休後の出社は体が重いもの。その「重さ」を毎週子供たちに背負わせることになる。当然のように、不登校が増えることになる。五日制を実施する自治体、六日制の自治体、いろいろあって良い。授業時間を全国的に揃える必要もない。とにかく全国一律という発想から脱却して、地域の教育力の創生のためにも、一刻も早い地方分権教育体制への移行を提唱する。それがひいては地方創生につながる。一斉移行に不安があるなら、自治体を絞って先行的に実施させても良い。関係者のアクションを期待したい。

まとめ

『古事記』の複雑さと美しさは、科学的視点と日本の歴史文化によって明らかにされる。

ところが、その『古事記』が正しく読み解かれていない。さらに天武天皇に至っては、きちんとした評価がなされていない。日本の歴史の最大の問題点は、実はそこにある。基軸と基軸をつくった人が、ほぼ完全に埋もれてしまっている。日本のアイデンティティが見えなくなっている大きな原因でもある。

日本という国号と天皇の名称は、天武天皇から始まったというのがほぼ定説である。問題意識を強くもっていたのが天武天皇なので間違いないであろう。日本は、どういう国なのか。日本のアイデンティティをその名称に込めている。日は太陽を表す。太陽は全ての生命を司る。天皇がその太陽のような存在になることにより、人々の気持ちが集まり国が一つに纏まることを考えたのである。そして実際の態様とその原理について古事記神話の中に書き込み、さらにそれを具体化するためのシステムまで考えている。

つまり、古事記神話を読み解けば、日本のかたち、つまりアイデンティティが浮き彫りとなる仕掛けになっている。天武は、そのかたちを崩さなければ、日本という国は「千代に八千代に」永遠に続くと考えたのである。アイデンティティというのは、遺伝子レベルの設計図なので、土地の地盤や形状に合わせて正しく線引きされていれば永年の風雪に耐える建物ができる。その真逆のようなことをしたのが、明治の維新期から終戦までである。

日本は世界最古の王朝国家なので、アイデンティティの重みがどの国よりもある。日本人一人ひとりのＤＮＡに千数百年の伝統と文化が染みついているからである。日本は今度こそ先人たちが示した国のかたちを手本として歩むべき時代である。戦前と同じ轍を踏まないように、特に重要と思われることを中心に述べる。

一つ目は、安定的皇位継承。皇統が二重の意味で不安定である。安定した皇位継承の態勢がつくられていないということと、天皇はどのような存在なのかということについて国民的な認識と合意がつくられていない。その二つの問題は、密接に絡んでいるのだが、天皇のシラス者としての職務と地位が分かっていないために、無責任な意見が出ている。

安定化のために旧宮家の復活や旧皇族の男系男子を養子にするなど具体案が

出されているようだ。そのような話題の中で、女系天皇容認論もある。ただ、そうなると系が変わってしまう。系が変わる、つまり田中、中村といった普通の姓に皇統が変わるということである。そういう意見を言う方は天皇を単なる象徴と思っているところがある。天皇はシラス者であり、皇祖神の祭主として現在でも神嘗祭、新嘗祭、祈年祭など年間二十以上の宮中祭祀を司るという役割がある。この大役を一般家系の人間がすべての物欲と自由を捨ててこなせるとは到底思えないし、国民も支えようとは思わないだろう。

この書で歴史的に見てきたが、最初は権力者としてスタートし、天武期を境にしてシラス者として振る舞い始め、戦後から象徴となった。象徴はシンボルという意味であり、シラスとは明確に違う。シラスというのは一段高い「位置」から日本の状況を見守り、必要な場合は助言をし、ウシハク者が不正で歪まないようにする「重し」の役目がある。シラス者としての天皇のあり様《よう》を議論すべきだと思っている。シラスが陽で、ウシハクが陰という関係である。

二つ目は、地方分権。それが日本のかたちである。海洋面積も含めれば日本は世界で十指に入る広大でなおかつ一万有余の島々を抱える自然豊かで複雑な国である。地方分権で治めることを先人は考えた。しかも農耕民族は俯瞰力が弱い。それを見抜いたのであろう。天武はシラス統治と地方分権をベースにして律令制をデザインする。農耕民族の先人たちの意識は、先祖代々受け継いだ故郷の地をいかに発展させるかに向いていた。そのため各地方にはそれぞれ独特の方言、祭りや文化が生まれた。邦人という言葉がある。「おらが邦《くに》」の意識を現在も多くの住民がもっている。震災で酷い目に遭っても故郷を離れるのではなく、復興を考える人が多い。日本的統治の歴史がもたらした賜物である。そのような地域への愛着心が文化を生み出す力となる。約千百年の律令の時代に、今に伝わる多くの日本文化が溢れるように生まれた。明治になって中央集権国家になったが、実は現代に至る「歪み」はそこから発生している。そのため現在に至るまで、見るべき文化は近代文学、近代美術くらいのものであろう。それが何よりの証明であり証拠である。

現行憲法は地方自治の章を設けているが都道府県と市町村の二重構造になっており、それらは中央集権を二重に補助する位置付けであるが、この構造を解消した上で地方分権を進めることである。権限を付与しなければ地方は衰退し、やがて消滅していくことになる。

三つ目は自然宗教。天武天皇が社会と人心の安定のために最も重視したことである。子どもの教育、さらには移民政策を進める上で、人々の宗教心を醸成することを考えないと学校も社会も荒れることになる。宗教心なき人間は猛獣より始末が悪い。当然、治安は悪くなり、凶悪事件や変な事件も増える。

寺社に行って目を閉じて手を合わせるだけである。神社であれば、二礼二拍手一礼。世界一シンプルにしたのは、幼少のうちから異質の空気を吸わせて自然に神を感じてもらいたいという願いからだろう。教義もなく教祖もいないので宗教ではない。そのため他の宗教との両立が可能である。

ある調査によると、神棚がある家庭は三割程度とのこと。信じる、信じないではなく、手を合わせて頭を下げる行動が人間をつくる。子供がいる家庭なら、空気を吸うように自然にできるようになるまで教えて欲しいと思う。

四つ目は、家族主義的国家観。現代の我々の感覚の中にも生きていることはすでに述べた。家族の本当の意義は、希望や夢を有形、無形の財産と共に子々孫々に託すことができることである。「代を継いで」という言葉がある。自分が叶えなかった夢を子供たちに託す。自分の経験を伝え、より良い条件の中で子供にバトンを渡すことを考える。それは家族にとっても、国にとってもプラスであろう。国は個人ではなく家族単位で教育や福祉、少子化や地域振興、さらには税制の問題を考えるべきである。

以上が、アイデンティティという観点から見た日本の評価である。四項目挙げたがいずれも心もとない状況である。これが多くの日本人が自国に対して抱く違和感・不安感の正体だと思っている。このままでは人材が育たないし、国際競争力も落ちていくだろう（二〇二三年現在、三十五位）。治安は悪化し、少子化も進むだろう。すべては連動しているからである。かように、アイデンティティの確立は重要なテーマであるが、そのためにはどうすれば良いのか。次世代に向けて日本のアイデンティティを発信し、受け継いでもらえるよう一人ひとり努力をすることが大切である。

改めて日本とはどういう国なのか、日本人はどのような歴史を紡いできたのか、といったことを確かめる時期である。その中で国のアイデンティティを確立し、一人ひとりが自分の未来と重ね合わせる作業が必要である。それと同時に世界に向けて日本のかたちをアピールする必要がある。それが日本再生に繋がることになる。混迷の時代だからこそ、国の原点を見つめ、そこから自分の生き方を見出す時代である。

（終わり）

参考・引用文献

はじめに

長谷川宏『日本精神史　上』講談社、2015
西尾幹二『新地球日本史1』扶桑社、2005

第一章

渡部昇一『日本の歴史①古代篇』ワック株式会社、2010
佐藤智恵『ハーバード日本史教室』中公新書ラクレ、2017
吉田孝『体系日本の歴史③　古代国家の歩み』小学館、1992
林紀昭「法と庶民の生活」(『日本生活文化史　2』河出書房新社、1980　所収)

第二章

尾藤正英『日本文化の歴史』岩波新書、2000
竹田恒泰『現代語古事記』学研、2016
カルロ・ロヴェッリ『すごい物理学講義』河出書房新社、2017
白石拓『宇宙論・入門』宝島社、2012
吉野信子『カタカムナ　言霊の超法則』徳間書店、2015
深野一幸『カタカムナの謎』廣済堂、1993
村山斉『宇宙は何で出来ているか』幻冬舎新書、2010

荒井桂『山鹿素行「中朝事実」を読む』致知出版社、2015
今谷明『象徴天皇の源流』新人物往来社、2011

第三章

江本勝『水は答えを知っている』サンマーク出版、2001
大野晋『日本人の神』河出文庫、2013
竹田恒泰『現代語古事記』学研、2016
工藤隆『古事記誕生』中公新書、2012
梅原猛『葬られた王朝』新潮社、2010
早川庄八『天皇と古代国家』講談社学術文庫、2000

第四章

工藤隆『古事記誕生』中公新書、2012
直木孝次郎『神話と古事記・日本書紀』吉川弘文館、2008
和歌森太郎「歴史に見る民族性」(『日本人の再発見』弘文堂、1972)所収

第五章

大津透『律令国家と隋唐文明』岩波新書、2020
関裕二『天皇家誕生の謎』学習研究社、2004
佐藤進一『日本の中世国家』岩波書店、1983

青木和夫『日本の歴史3　奈良の都』中公文庫、１９９０
吉田孝『体系日本の歴史③　古代国家の歩み』小学館、１９９２
今谷明『象徴天皇の発見』文春新書、１９９９
伊沢之彦『逆説の日本史24』小学館、２０１８
金井圓「封建社会と現代日本」（『総合講座　日本の社会文化史2』講談社、１９７４）所収
福沢諭吉『文明論之概略』岩波文庫、１９９５
山本七平『日本人とは何か』ＰＨＰ研究所、１９８９
司馬遼太郎『「昭和」という国家』日本放送出版協会、１９９９
中公新書編集部『日本の論点』２０１８
海原徹『日本史小百科「学校」』東京堂出版、１９９６
渡部昇一『決定版・日本史』扶桑社文庫、２０１４
司馬遼太郎『この国のかたち』文藝春秋、１９９０
松島弘『藩校養老館』津和野歴史シリーズ刊行会、２０００

第六章

司馬遼太郎『「昭和」という国家』ＮＨＫ出版、１９９８
石田一良『カミと日本文化』ぺりかん社、１９８３
倉山満氏『帝国憲法物語』ＰＨＰ研究所、２０１５
瀧井一博「伊藤博文滞欧憲法調査の考察」（『人文学報』京都大学人文科学研究所、１９９７）所収

佐藤幸治『憲法』青林書院新社、１９８１
渋谷秀樹『憲法への招待』岩波新書、２０１４
林珠雪氏「井上毅の天皇観における伝統と近代」神戸大学学位論文、１９９３
竹田恒泰『天皇の国史』ＰＨＰ研究所、２０２０
金子堅太郎「帝国憲法の精神」（『帝国憲法　皇室典範義解』呉ＰＡＳＳ出版、２０１７）所収
伊藤博文「帝国憲法義解」（『帝国憲法　皇室典範義解』呉ＰＡＳＳ出版、２０１７）所収
田村安興「象徴天皇と神話」『高知論叢』第１００号／２０１１、３月号
今谷明『象徴天皇の源流』新人物往来社、２０１１
宮澤俊義『憲法』有斐閣全書、１９８６
伊藤正己『憲法入門』有斐閣双書、１９９８
半藤一利『昭和史』平凡社、２００９
古川隆久『建国神話の社会史』中央公論新社、２０２０
渡辺利夫「不羈独立―明治のリアリズム」（『別冊正論30　明治維新１５０年』、２０１７）所収

第七章

武光誠『古事記日本書紀を知る事典』東京堂出版、１９９９
「天皇家による支配の正統性を示す！『古事記』はいかにして生まれたのか」（『歴史道　No.27』朝日社説出版、２０２３）所収
津田左右吉『古事記及び日本書紀の研究』毎日ワンズ、２０１８
井沢元彦『日本史集中講義』祥伝社、２００４

今谷明『室町の王権』中公新書、1990
尾藤正英『日本文化の歴史』岩波新書、2000
直木孝次郎『日本の歴史2』中公文庫、2004

第八章・結び

鑪幹八郎、山下格『アイデンティティ』日本評論社、1999
ユヴァル・ノア・ハラリ『サピエンス全史』河出書房新社、2016
ジョーゼフ・キャンベル『神話の力』早川書房、1996
勝部真長『日本思想の分水嶺』勁草書房、1978
司馬遼太郎『街道をゆく―南伊予・西土佐の道』朝日新聞出版、2008
松岡正剛『日本文化の核心』講談社現代新書、2020
渡部昇一『古代史入門』PHP研究所、2006
真弓常忠『神道の世界』朱鷺書房、1984

〈著者紹介〉
田中善積（たなか よしずみ）
1955 年、愛知県名古屋市出身。
1979 年　東京学芸大学卒業
1982 年　東京学芸大学大学院修了（教育学修士）
1983 年～ 2021 年　都内私立中・高一貫校（社会科教諭）
社会評論家。日本教育学会会員。賞状書士師範。
主な著書に『親バカのすすめ』（東洋出版）、『「自由」が子どもをダメにする』（幻冬舎）、『光り輝く国光り輝く日本人』（東洋出版）、『『古事記』とスピリチュアリズム』（幻冬舎）など。
主な論文「憲法十七条の今日的意義」「大日本帝国憲法に見られる『権威と権力の分離原則』」（以上、月刊誌『日本』日本学協会）。『八重山日報』の「論壇」で評論活動（2018 ～ 20）、主な内容「事なかれ主義の外交転換を図るとき」「SNS を利用した政治の可能性について」「児童虐待防止法改正の要諦」「学術会議の問題—根底には国家観の違い」など。
ブログ「日本の危機」を 2019 年から配信　（現在週 3 本）。

誰《だれ》も知《し》らない本当《ほんとう》の『古事記《こじき》』と日本《にほん》のかたち

2024年4月17日　第1刷発行

著　者　　田中善積
発行人　　久保田貴幸

発行元　　株式会社 幻冬舎メディアコンサルティング
〒151-0051　東京都渋谷区千駄ヶ谷4-9-7
電話　03-5411-6440（編集）

発売元　　株式会社 幻冬舎
〒151-0051　東京都渋谷区千駄ヶ谷4-9-7
電話　03-5411-6222（営業）

印刷・製本　中央精版印刷株式会社
装　丁　　村上次郎

検印廃止

Printed in Japan
ISBN 978-4-344-94994-2 C0021
幻冬舎メディアコンサルティングＨＰ
https://www.gentosha-mc.com/